AF501520

ORIGINE
DES MALHEURS
DE LA FRANCE.

ORIGINE

DES MALHEURS DE LA FRANCE,

ET

NOTE POLITIQUE

POUR SERVIR

AU RÉTABLISSEMENT DE SA PROSPÉRITÉ,

Manuscrit trouvé dans les Papiers d'un Jurisconsulte célèbre mort en 1791.

A HAMBOURG,

Et se trouve A PARIS,

Chez tous les Marchands de Nouveautés.

1797.

TABLE.

AVERTISSEMENT.

A LA VUE de ce déluge de maux qui inondent la France et menacent de l'engloutir, quel citoyen, animé d'un véritable amour pour la patrie, ne fera du moins tous ses efforts pour la retenir sur les bords du précipice? Je me hâte donc d'apporter mon tribut. J'ai une opinion; cette opinion peut être utile à mes concitoyens : je me hâte de leur en faire hommage; heureux si je puis les prémunir contre de nouveaux dangers! mille fois plus heureux si je puis leur indiquer des moyens de réparer leurs pertes! Nos malheurs, et anciens et nouveaux, semblent tous provenir principalement de l'abus des mots que se permettent des esprits pervers, qui souvent, sous l'apparence du bien public, ne cherchent qu'à satisfaire leurs intérêts personnels, ou à favoriser les vues ambitieuses d'une faction à laquelle ils se sont vendus. Quelque soit leur dignité, je leur dis avec le premier des orateurs : *C'est se rendre coupable de trahison envers la patrie que de parler autrement qu'on ne pense.*

Voilà ce qui m'a engagé à exposer ici les principes fondamentaux de la liberté publique et privée, à y joindre les exemples des peuples anciens et modernes, les maximes jusqu'ici regardées comme les bases du Gouvernement, les fautes qui nous ont conduit à l'anarchie, et quelques autres objets de détail qui m'ont paru demander quelque développement; enfin à faire parler ce que je crois être cette volonté générale, le seul remède à nos maux.

Cette Note sera suivie de quelques Ecrits composés depuis le commencement de la Révolution. Je puis m'être trompé dans mes opinions : je n'ai pas le sot orgueil de prétendre à l'infaillibilité ; mais le sentiment qui m'a guidé est pur, c'est l'amour de la patrie. C'est ce même amour pour la patrie qui me porte à les communiquer aujourd'hui à mes concitoyens par la voie de l'impression.

ORIGINE
DES MALHEURS DE LA FRANCE,
ET
NOTE POLITIQUE
Pour servir au rétablissement de sa prospérité.

Quel est le traître à sa patrie, si ce n'est l'homme qui parle autrement qu'il ne pense?

DÉMOSTHENE, *Harangue pour Ctésiphon.*

EVITONS l'équivoque, ses ravages quelquefois sont plus funestes, plus terribles que ceux des guerres les plus désastreuses que souvent elle produit. C'est par elle que les ennemis de l'ordre social travaillent l'opinion publique, exaltent les esprits fougueux et peu réfléchis, corrompent les mœurs, renversent les loix, les constitutions, bouleversent les états les plus florissants, dévorent les peuples. Je commence donc par définir les mots dont on a le plus abusé dans notre révolution.

De la Tyrannie.

CE mot *Tyrannie*, pris dans sa véritable signification, indique l'usurpation de l'autorité par le changement de la forme du gouvernement, de quelque part qu'il vienne; car de tels changements ne peuvent s'opérer que par l'oppression des foibles et l'impunité des brigands.

Les Grecs donnoient plus particulièrement le

nom de tyrannie à ce despotisme des rois de l'Orient, qui érige en loix toutes les volontés de celui qui gouverne. C'est cette forme de gouvernement dont les livres saints nous décrivent les abus, quand le peuple Juif, fatigué des vexations exercées par les enfants de Samuel, s'adresse à ce prophete, pour lui demander un roi *ainsi qu'en ont les autres nations* (1). Samuel consulte l'Eternel, et en reçoit cette réponse : « Ce n'est pas » vous que ce peuple rejette ; c'est moi qui jus-» qu'ici l'ai dirigé par mes saintes inspirations. » Satisfaites toutefois à sa demande ; mais au-» paravant faites-lui connoître quels seront *les* » *droits* (ou, selon le texte hébreu), les obliga-» tions, les servitudes que lui imposera la royauté ».

Le prophete parcourt, par l'ordre de Dieu, les dépenses attachées à la splendeur du trône, les guerres qui surviendront, les délices de la cour du nouveau despote, les abus, les impôts, les atteintes portées aux propriétés, que ce changement entraînera.

Tels ne furent pas ces patriarches qui régnoient, par l'amour et le dévouement de leurs enfants, sur des familles assez nombreuses pour faire la guerre à des rois et traiter avec eux ; et cependant la plus ancienne histoire du monde n'assigne d'autres limites à l'autorité de ces peres des nations que l'ordre éternel auquel les rappeloient, et les inspirations immédiates de l'Être suprême,

(1) I Rois, chap. VIII, vers. 5 et suiv.

et les vœux, les représentations, les doléances de leurs enfants.

Aussi les plus saints d'entre les rois d'Israël et de Juda ne publierent aucune ordonnance, comme l'observe Bossuet (1) : mais leur autorité n'étoit pas moins entiere; ils avoient pour guide la loi de l'Éternel.

Je me plais à retracer, sous le plus compatissant, le plus juste et jusqu'ici le plus infortuné des monarques, ces vérités saintes contenues dans le quinzieme chapitre du Deutéronome, que Racine rappeloit au plus absolu des rois :

> Un roi sage, ainsi Dieu l'a prononcé lui-même,
> Sur la richesse et l'or ne met point son appui,
> Craint le Seigneur son Dieu ; sans cesse a devant lui
> Ses préceptes, ses loix, ses jugements séveres,
> Et d'injustes fardeaux n'accable point ses freres.
>
> *Athalie, acte IV, scene 2.*

Et cependant la religion sainte que nous professons, cette sauve-garde la plus assurée de la tranquillité publique, parcequ'elle agit sur les volontés, sans lesquelles il ne reste à l'autorité que la violence, dont l'emploi est désastreux, nous prescrit la soumission aux puissances, même lorsqu'elles en abusent. Pourquoi en est-il ainsi? Parceque toute puissance vient de Dieu (2), en ce sens que les révolutions qu'éprouvent les empires ont été prévues et déterminées de toute éternité par cette providence universelle à laquelle la loi divine et la raison nous

(1) Discours sur l'Histoire universelle.

(2) S. Paul aux Romains, chap. XIII, vers. 1 et suiv.

obligent de nous soumettre, parceque, tous les établissements humains étant susceptibles d'abus, toute atteinte portée par une résistance active à la forme de gouvernement consacrée par une possession paisible est une infraction à ce principe fondamental, que *le salut du peuple est la suprême loi.*

Si, généralisant vos idées, vous portez vos vues vers cette grande société dont les nations ne sont que les individus, vous y remarquez des relations, suites des intérêts respectifs, des loix, un monarque universel, Dieu, qui, par le redoutable droit de la guerre, dispose des empires.

Ecartons donc ce mot *tyrannie*, qui confondoit chez les Grecs le despotisme avec la plus sainte des constitutions, la monarchie. C'est la nature elle-même qui nous apprend qu'aucune association nombreuse ne peut être régie que par des délibérations communes, ou par la volonté légale de plusieurs, ou par celle d'un seul.

De la démocratie.

DANS ce gouvernement, chaque individu rencontre son maître dans son égal; de là les chocs inévitables de l'autorité populaire. C'est pourquoi Montesquieu (1) n'admet d'autre principe fondamental au gouvernement démocratique que *la vertu*, « l'amour de la patrie, le « desir de la vraie gloire, le sacrifice de ses plus chers « intérêts », ce que nous nommons *l'esprit public:*

(1) Esprit des loix, liv. III, chap. 5.

mais assigner une telle base à un gouvernement établi parmi les hommes, c'est ne lui en donner aucune; car un peuple qui auroit des mœurs si pures n'auroit besoin ni de loix ni de gouvernement.

Aussi le plus zélé défenseur du gouvernement républicain, Rousseau de Geneve, reconnoît-il « qu'à prendre « le terme à la rigueur de l'acception, il n'a jamais existé « et il n'existera jamais de véritable démocratie (non pas « même dans les plus petits états); car il est contre « l'ordre naturel que le grand nombre gouverne et que « le petit soit gouverné (1). »

Quelle seroit donc la démence ou la méchanceté de l'ambitieux républicain qui bouleverseroit un vaste empire pour fonder une démocratie de vingt-cinq millions d'hommes sur vingt-cinq mille lieues quarrées de surface?

Essayons de dissiper les sophismes.

« La volonté générale, nous dit-on, est toujours « droite, toujours juste (2). On veut toujours son bien; « *mais on ne le voit pas toujours. Jamais on ne cor- « rompt le peuple : mais souvent on le trompe;* et c'est « alors seulement qu'il paroît vouloir son mal (3)..... « La volonté générale est toujours juste *quand elle « statue sur un objet général* (4) ». — Or les généralités ne servent que dans la spéculation; la pratique exige des

---

(1) Contrat social, liv. III, chap. 4.

(2) Ibid. liv. II, ch. 3.

(3) Ibid. ch. 3.

(4) Ibid. chap. 4 et 6.

détails dont le peuple est très incapable. Prenons des exemples. Que chaque homme jouisse de toute la liberté que comporte l'état social, que la justice soit administrée avec impartialité, que les contributions aux dépenses communes soient réparties avec une égalité proportionnelle; tous le veulent : mais s'agit-il des moyens d'atteindre à ce but, c'est ici que les intérêts privés se heurtent, et vous ramenent au plus dur des esclavages, l'anarchie, s'il n'existe un centre commun qui les combine, les compare, les concilie. — Ce que le peuple ne peut par lui-même, il le fera par ses représentants. « Le « peuple est admirable, dit Montesquieu (1), pour « choisir ceux à qui il doit confier quelque partie de son « autorité; il n'a à se déterminer que par des choses qu'il « ne peut ignorer, et des faits qui tombent sous ses « sens ». — Pour prouver votre proposition, vous me citez un petit nombre d'emplois dans lesquels le jugement du peuple est déterminé par l'éclat qui environne ceux qui s'en sont montrés dignes, un général d'armée, un préteur, un édile. J'admets votre hypothese, quelque droit que j'eusse de la contester; j'écarte l'hypocrisie des fausses vertus, la brigue, l'intrigue, sorte de corruption dont le peuple est très susceptible : pensez-vous qu'il sera aussi facile au peuple de se déterminer par son véritable intérêt, si vous le surchargez d'une multitude d'élections telle qu'il lui soit impossible de connoître les faits qui doivent servir de base à sa décision, autrement que sur le rapport d'autrui ; en sorte

(1) Esprit des loix, liv. II, chap. 2.

qu'il se trouve forcé de suivre l'impulsion qui lui aura été donnée par des manœuvres dont il ignore l'artifice? Que sera-ce s'il ne s'agit pas seulement de choisir ses magistrats, des administrateurs comptables envers lui, mais des législateurs, des organes de cette volonté générale, qui, suivant nos publicistes modernes, est la seule loi d'un peuple libre; de cette volonté qui, selon le philosophe de Geneve (1), *ne se représnte pas, car elle est une ou elle est autre!* Combien le peuple confondra-t-il facilement cette volonté toujours droite, toujours juste, avec sa plus cruelle ennemie, l'opinion du moment, que les perfides adulateurs de la multitude excitent, changent, dirigent à leur gré, à l'aide des fausses espérances et des fausses terreurs qu'ils inspirent, des fables qu'ils débitent par leurs émissaires, des libelles scandaleux qu'ils distribuent, des calomnies atroces qu'ils forgent dans leurs conciliabules!

Ecoutons le philosophe de Geneve sur cette distinction de la volonté générale et de cette opinion du moment, qui, bien qu'elle paroisse au premier coup-d'œil la volonté de tous, n'est cependant que la volonté de quelques individus.

« Il y a souvent bien de la différence, dit M. Rous-
« seau (2), entre la volonté de tous et la volonté géné-
« rale : *celle-ci ne regarde qu'à l'intérêt commun;*
« *l'autre regarde à l'intérêt privé, et n'est qu'une*
« *somme de volontés particulieres :* mais ôtez de cette

(1) Contrat social, liv. II, ch. 15.

(2) Ibid. chap. 3.

« somme le plus et le moins qui s'entre-détruisent, *reste*, « *pour la somme des différences, la volonté genérale.*

« Si, quand le peuple, suffisamment informé, délibere, les citoyens n'avoient aucune communication « entre eux, du grand nombre de petites différences « résulteroit toujours la volonté générale, et la délibé- « ration seroit toujours bonne; mais, *quand il se fait* « *des brigues, des associations partielles aux dépens* « *de la grande, la volonté de chacune de ces associa-* « *tions devient générale par rapport à ses membres, et* « *particuliere par rapport à l'état.* On peut dire alors « qu'il n'y a plus autant de votants que d'hommes, *mais* « *seulement autant que d'associations;* les différences « deviennent moins nombreuses et donnent un résultat « moins général. Enfin, *quand une de ces associations* « *est si grande, qu'elle l'emporte sur toutes les autres,* « vous n'avez plus pour résultat une somme de petites « différences, mais une différence unique. Alors il n'y a « plus de *volonté générale*, et l'avis qui l'emporte n'est « qu'un *avis particulier.* »

Ne diroit-on pas que le philosophe de Geneve a voulu peindre ce qui s'opere sous nos yeux?

Aussi observe-t-il (1) que le peuple anglois n'est libre que tous les sept ans, lors de l'élection des membres du parlement. « Sitôt qu'ils sont élus, il est esclave; il n'est « rien. Dans les courts moments de sa liberté, l'usage « qu'il en fait (en se laissant entraîner à tous les partis, « en vendant ses suffrages au premier venu) *mérite bien* « *qu'il la perde.* »

---

(1) Contrat social, liv. III, chap. 15.

Puisque j'ai prononcé le mot de *liberté*, il est nécessaire de définir cette espece de talisman dont les ambitieux abuserent dans tous les temps pour armer le peuple contre lui-même.

De la liberté.

Si vous entendez par ce mot cette liberté politique qui constitue l'essence du gouvernement démocratique, le droit de se donner des loix à soi-même, je ne craindrai pas de dire que cette prétendue liberté, prise dans toute son étendue, si elle pouvoit subsister, seroit l'esclavage le plus dur des individus en butte à tous les chocs des intérêts privés, à toute la fureur des partis. Si vous entendez cette liberté individuelle qui anime le commerce, fait fleurir les arts, entretient une noble énergie dans toutes les parties du corps politique, le droït de faire tout ce qui n'est pas défendu par les loix, tout ce qui ne nuit point à autrui, la liberté politique, en livrant les loix aux caprices de l'intérêt privé, est le fléau destructeur de la vraie liberté.

J'en dis autant de l'égalité, qui peut convenir à l'homme sauvage livré à lui-même, mais incompatible, dans l'état de société, avec la liberté individuelle, à moins que la loi ne protege le petit nombre contre la multitude, comme elle protege le foible contre le fort, le pauvre contre le riche. « Il y a toujours dans un état, dit M. de « Montesquieu (1), des gens distingués par la naissance,

---

(1) Esprit des Loix, liv. XI, chap. 6.

« les richesses ou les honneurs. S'ils étoient confondus « parmi le peuple, s'ils n'avoient qu'une voix comme « les autres, la liberté commune seroit leur esclavage, « parceque la plupart des résolutions seroient prises « contre eux ». Ajoutons que cette prétendue égalité de droits seroit la pauvreté et la misere universelle : car non seulement, comme l'observe le magistrat philosophe que je viens de citer, les hommes qui jouissent de ces avantages n'auroient *aucun intérêt à défendre la constitution, mais ils en auroient un très grand à la détruire;* ce qui arriveroit infailliblement, soit par une secousse violente, soutenue de toute la constance, de tout le courage que donne l'amour de la liberté, soit, dans le cours naturel des choses, par l'engorgement de la machine politique et l'indigence universelle à laquelle le défaut de circulation réduiroit les oppresseurs : d'où M. de Montesquieu conclut, suivant le régime anglois, que la part que de tels hommes ont dans la législation « doit être proportionnée aux autres avantages qu'ils « ont dans l'état; ce qui arrivera, s'ils forment un corps « qui ait droit d'arrêter les entreprises du peuple, « comme le peuple a le droit d'arrêter les leurs ». Le moyen de parvenir à ce but, c'est ce que je ne me permets pas d'examiner en ce moment. Il me suffit d'avoir démontré, et par la raison, et par le suffrage des auteurs les plus favorables au systême républicain, que la liberté démocratique est la plus dure des servitudes. Passons aux deux autres formes de gouvernement.

De l'aristocratie, oligarchie, ochlogarchie.

QUAND la société est régie par plusieurs, c'est l'aristocratie, le gouvernement des bons (car telle est la signification de ce mot, que la vanité et l'ambition ont trop souvent dénaturée en l'appliquant aux grands, aux puissants), ou l'oligarchie, le gouvernement du petit nombre, quel qu'il soit, ou enfin, comme Rousseau le nomme (1), l'ochlogarchie, le gouvernement de la tourbe tumultueuse.

L'aristocratie seroit de tous les gouvernements le meilleur, si vous pouviez supposer que l'autorité fût confiée à un petit nombre de sages dégagés de tout intérêt privé, éclairés par l'expérience et les lumieres de la raison, ou guidés par les inspirations de l'Être infini, comme furent ces juges, successeurs de Moïse, suivant le chapitre VIII du premier livre des Rois, que j'ai cité ; « Ce n'est point vous qu'ils rejettent (dit Dieu), « c'est moi ». Mais la persévérance d'un tel bonheur est au-dessus de l'humanité. Pour peu que le levain des passions dénature ce brillant systême, le peuple sera d'autant plus esclave dans ce gouvernement, que ses chefs seront plus nombreux, qu'ils seront pris dans une classe de citoyens moins riches, moins élevés jusqu'alors en dignité; car ils auront plus d'intérêts privés à satisfaire, et ces intérêts porteront tous infailliblement sur le peuple. C'est ce qui a fait dire au plus ancien et en

(1) Contrat social, liv. III, chap. 10.

même temps au plus philosophe des poëtes, Homere; que « le gouvernement de plusieurs n'est pas une bonne « chose; qu'un seul gouverne, un seul roi, entre les « mains duquel les éternels décrets du fils de Saturne « ont remis le sceptre et tout ce qui appartient à l'exer- « cice de la justice, afin qu'il regne sur tous (1). »

De la monarchie.

La nature nous a tracé le modele du gouvernement monarchique dans cette autorité du pere de famille délibérant avec ses enfants sur les intérêts de tous qui sont les siens. Tel est le vrai monarque, le représentant essentiel de la chose publique, l'organe de cette volonté générale, qui n'est point celle de la tourbe impétueuse, comme l'appelle le citoyen de Geneve, mais la différence des sommes respectives des intérêts privés qui se heurtent et se détruisent.

Ce gouvernement n'a d'autre inconvénient que la foiblesse du centre commun. C'est par ce motif qu'il est nécessaire que la loi constitutionnelle arme le monarque de toute la force publique, et que la même volonté générale qui rend les ministres responsables envers la nation des sommes remises en leurs mains, et de tout ce qu'ils ont fait d'eux-mêmes en outre-passant les pouvoirs qui leur étoient confiés, déclare la personne du monarque inviolable, non pour son intérêt privé, mais pour celui de tous, pour le maintien de la liberté et des

(1) Iliade, chant II, vers 203 et suiv.

propriétés de tous : car, si le moyeu de votre roue est versatile, qu'attendez-vous des rayons? Si le premier anneau de cette chaîne de *pouvoirs intermédiaires, subordonnés et dépendants* (1), qui constituent la monarchie, est vacillant, quelle sera sa puissance? Soumettant les individus au monarque, et ensuite le monarque à la nation, impuissante pour agir par elle-même, obligée d'avoir recours à des représentants mus trop souvent par des intérêts privés, vous retombez de la monarchie dans la démocratie, et, par l'impossibilité de vous soutenir sur un terrain si mobile, agité par tous les vents des passions humaines, dans l'esclavage le plus dur, l'oligarchie, l'ochlogarchie, comme il vous plaira de nommer ce chaos.

Le monarque n'est-il pas soumis, comme tous les autres, aux loix constitutionnelles et fondamentales de l'état? — Sans doute; et vous avez deux garants bien solides de cette soumission : le premier, l'intérêt de celui qui gouverne, qui n'est autre que le bien public; le second, l'obéissance passive des peuples, c'est-à dire cette soumission éclairée qui, sans se permettre d'insurrection, se borne à refuser de concourir à des projets manifestement contraires à la loi divine, à la loi constitutive et fondamentale de la société.

Considérez qu'en portant plus loin vos prétentions vous anéantiriez la constitution même; car elle ne tire sa stabilité que du contrat qui se forme entre la nation et le monarque qu'elle arme de la force pour le maintien

(1) Esprit des Loix, liv. II, chap. 4.

de la tranquillité publique : or, si la personne du monarque n'est inviolable, si l'on peut citer une seule occasion qui le rende justiciable de la nation ou de ses représentants, il n'y a plus deux parties dans votre contrat; la constitution et la liberté demeurent en butte à toute la versatilité des jugements populaires.

C'est encore pour l'intérêt de tous que, dans toute monarchie bien ordonnée, la nation qui a remis entre les mains d'une seule famille les rênes du gouvernement se dépouille, pendant toute la durée de la race régnante, du droit de choisir son représentant perpétuel : ainsi disparoissent les brigues, les sollicitations importunes, la corruption, les guerres sanglantes, inséparables de la rivalité sur un si grand intérêt.

— Le monarque, ne pouvant tout faire par lui-même, est contraint de partager ses pouvoirs, qui sont ceux de la nation. — J'en demeure d'accord, pourvu toutefois qu'il demeure le centre unique de tous les pouvoirs, non un vain fantôme substitué à la réalité. Prenons des exemples.

La loi n'étant autre que la volonté générale, la puissance législative, qui appartient à la nation, est inaliénable, imprescriptible. A Dieu ne plaise que je conteste cette vérité! mais la loi est un être moral qui n'a de puissance qu'à l'aide du magistrat qui l'applique et de la force qui veille à son exécution. La nation, incapable de faire usage par elle même de son autorité législative, est contrainte d'en confier l'exercice à ses mandataires, sous la condition essentielle de la ratification de leurs commettants; car c'est en eux seuls que réside le pouvoir.

De là ces deux questions que Rousseau (1) exige à l'ouverture de chaque assemblée nationale :

S'il plaît au souverain de conserver la présente forme de gouvernement?

S'il plaît au peuple d'en laisser l'administration à ceux qui en sont chargés?

Telle est la forme du gouvernement démocratique ; c'est ce qui rend ce gouvernement essentiellement versatile. La monarchie les admet ces deux questions, nécessaires pour distinguer la volonté des mandataires du peuple de celle de leurs commettants : mais le représentant essentiel de la chose publique, le conservateur né de la liberté et des propriétés, n'est pas exposé à une telle instabilité ; et toutefois il demeure soumis aux loix comme ses sujets, jusqu'à ce qu'elles soient révoquées dans la même forme qu'elles ont été établies ; ce qui distingue ce gouvernement du despotisme de constitution. Le monarque seroit-il seul exclus de la participation à la puissance législative? La proposition est absurde. Or, cette nécessité admise, il est impossible que, dans ce combat d'opinions, *la volonté* de celui qui n'a d'autre intérêt que le bien public (2) *n'emporte et ne précipite la balance.*

J'en dis autant de la puissance exécutrice, qui se divise en deux parties, la force extérieure pour réprimer les entreprises du dehors, et la force intérieure pour assurer l'exécution des loix et l'impartialité des juge-

(1) Contrat social, liv. III, chap. 8.

(2) Esprit des Loix, liv. III, chap. 10.

ments. Le monarque exerce l'une par lui-même ou par des dépositaires de son autorité. Ne lui laisser de l'autre que la vaine prérogative de l'intitulé des jugements, en exigeant qu'il commette les magistrats choisis par le peuple sans participer en rien à leur élection, ce seroit, par un criminel abus des mots, substituer l'ombre à la réalité, reconnoître dans la théorie la nécessité d'un centre unique de tous les pouvoirs, et paralyser ce premier mobile du corps politique.

Quels obstacles, nous dit-on, opposerez-vous au projet d'asservir la nation, si de pernicieux conseils inspirent au monarque une telle pensée? Quelle digue triomphera des erreurs des ministres, de la séduction des favoris, du despotisme de fait, en un mot, dont tous les gouvernements sont susceptibles?

Ma réponse est simple : La volonté générale, constatée non seulement par les représentations de corps nombreux susceptibles d'intérêts privés, mais par la réclamation universelle de la nation, portée au pied du trône par ses représentants. Ne craignez pas que le monarque ferme l'oreille à tant de voix qui l'avertissent de son véritable intérêt, l'amour des peuples soumis à son empire. Redoutez bien plutôt qu'en allégeant le seul contrepoids nécessaire pour réprimer les efforts des intérêts privés contre l'intérêt général, l'esprit de système ne parvienne à corrompre les dépositaires de pouvoirs illimités. Une expérience de trois siecles dans un vaste empire suffira pour dissiper vos alarmes. Il n'est, parmi nous, aucune de ces assemblées connues autrefois sous le nom d'états-généraux, qui, malgré les moments de trouble, d'une dangereuse fermentation, qui les ont souillées trop souvent, n'ait été suivie des loix les plus sages, les plus conformes à l'intérêt public. — Ces loix sont tombées en désuétude. — A quelle cause peut-on l'attribuer qu'à nos dissensions intestines et au long silence de la nation? Qu'elle se réveille; que les assemblées nationales soient ordinaires, périodiques, permanentes même si vous voulez; mais qu'elles se renferment dans les limites que la volonté générale et le véritable intérêt du peuple leur prescrivent, sans ébranler les bases fondamentales d'un gouvernement dont l'essence est de remettre toute l'autorité entre les mains d'un seul, gardien d'autant plus assuré des propriétés et de la liberté individuelle, qu'il n'a aucun intérêt de donner atteinte à ces droits sacrés dans lesquels réside la force de son empire.

Résumé des principes, et réfutation des propositions avancées par un auteur célebre.

Que veut donc dire l'auteur emphatiquement hypocrite de l'*Importance des Opinions religieuses*, lorsqu'il s'exprime ainsi (1)?

« La plupart des nations, ou par choix, ou par né« cessité, ont déposé leurs volontés entre les mains « d'un seul; *et elles ont ainsi élevé un monument per« pétuel à l'esprit de discorde et de désunion qui a « régné si souvent parmi les hommes.* »

---

(1) De l'Importance des Opinions religieuses, page 206.

— Quoi! M. Necker, dans ce choc de toutes les passions qui agitent le cœur humain, avoir choisi pour arbitre un seul médiateur dégagé, par sa position même, de tous intérêts privés, c'est avoir élevé un monument de discorde et de division? Quoi! la pierre angulaire d'un vaste édifice, la clef d'une voûte immense, sont inutiles pour en consolider les parties et contenir les efforts des arcs qui se poussent et se repoussent sans cesse? La nature entiere retomberoit dans le chaos, si son équilibre n'étoit maintenu par cette force centrale qui attire à elle les corps qu'une puissance non moins active lance sur la tangente de leurs orbites; et ce que l'ordre éternel nous montre comme essentiel à l'organisation physique d'êtres inanimés seroit inutile, dangereux même, pour rappeler vers le centre commun de l'intérêt public des êtres libres mus en mille sens contraires par le puissant mobile de l'intérêt privé!

Vous l'avez soulevée cette pierre angulaire, cette clef de la voûte; qu'en est-il arrivé? Que, depuis deux années, nos esprits sont agités par de fausses espérances ou de vaines terreurs, que la famine s'est montrée au sein de l'abondance; que ce *deficit* de nos finances, qui n'étoit, selon vous, qu'*un jeu d'enfant* (1), a quadruplé sous votre savante administration; que cette paix qui animoit le commerce, qui faisoit fleurir les arts, qui répandoit la joie dans nos villes et dans nos campagnes, a disparu; qu'un ouragan destructeur la remplace.

(1) Lettre de M. Necker à l'assemblée nationale en abandonnant le timon des affaires publiques.

Ce calme, disent les sages de nos jours, n'étoit autre qu'une stupeur léthargique, le sommeil de la mort.

C'est ainsi que vous confondez le gouvernement pacifique d'un monarque père de son peuple avec le despotisme oriental dont le souffle brûlant desseche ces climats si fertiles autrefois en tous genres de connoissances, qui a replongé dans la barbarie cette Grece autrefois le berceau des sciences et des arts. Ils fleurirent sous le gouvernement républicain : mais ils naquirent et se maintinrent plus long-temps sous des rois *pasteurs des peuples*, suivant l'expression d'Homere; je le prouverai dans un instant. Qu'on nous le rende ce sommeil précieux qui ranime toute la nature, auquel, vous traînant sur les pas du philosophisme moderne, vous avez substitué les convulsions du délire. Loin que l'autorité du monarque soit un monument de trouble et de division, elle est le lien commun de toutes les parties de ce vaste empire, dont elle maintient l'harmonie. Jugez-en par votre petite république elle-même : bien qu'appuyée sur la Suisse et environnée de ses montagnes, combien de fois, déchirée par ses dissensions intestines, eût-elle été la proie du premier occupant, si la France, toute-puissante alors, n'eût calmé ces agitations.

« Il est vrai que, de temps à autre, elles (les nations) « ont cru se souvenir qu'elles étoient capables de con- « noître elles-mêmes leurs véritables intérêts : mais le « monarque, se défiant de leur inconstance, avoit pris « soin de fortifier les ressorts de sa domination; et, en « s'entourant d'une milice guerriere et disciplinée, il

« ne leur a pas laissé le pouvoir de se *dégoûter de l'es-*
« *clavage.* »

— *Les nations ont cru se souvenir qu'elles étoient capables de connoître elles-mêmes leurs véritables intérêts.* Comment cela, je vous prie? Par cette volonté générale, toujours droite, toujours juste, quand elle statue sur un objet général, c'est-à-dire lorsqu'elle ne statue sur rien de ce qui est l'objet des loix positives? Par leurs représentants? Vous retombez dans l'aristocratie, l'oligarchie, l'ochlogarchie. Ecoutons votre maître Jean Jacques : « Pour qu'un peuple naissant pût goûter « les saines maximes de la politique et suivre la raison « d'état, il faudroit que l'effet pût devenir la cause ; que « l'esprit social, qui doit être l'ouvrage de l'institution, « présidât à l'institution même, et que les hommes fus- « sent avant les loix ce qu'ils doivent être par elles (1) ». C'est bien pis dans un peuple ancien qu'on entreprendroit de régénérer : car il faudroit lui faire perdre ses goûts, ses habitudes, ses passions exaltées, ses superfluités devenues des besoins ; changer l'égoïsme, fortifié trop souvent par les leçons de nos sages, en cet esprit public qui sacrifie ses commodités, ses avantages personnels, sa vie même, au bonheur de tous. Qui opérera ce miracle? Douze cents représentants du peuple, pris dans toutes les classes de la société, sont très capables sans doute de dévoiler les abus, de porter leurs justes doléances au pied du trône : mais c'est en leur mains que vous remettez l'autorité suprême! Voici ce qu'on

(1) Contrat social, liv. II, chap. 7.

pouvoit dès lors vous prédire. Vos douze cents représentants, fussent-ils tous dignes d'être comptés parmi les sages de la Grece, deviendront peuple précisément parcequ'ils seront en grand nombre; dès lors ils agiront par impulsion, non par réflexion; un petit nombre qui auront pris de l'ascendant sur les esprits (par quels moyens? je l'oublie) domineront dans votre assemblée; l'agitation se communiquera à l'extérieur; les partis se formeront, jusqu'à ce que la nation, livrée aux fureurs de l'anarchie, se repose entre les bras d'un monarque juste et bienfaisant. Malheur alors à ceux qui l'auront trompée! C'est cette vengeance que vous avez sagement prévenue par votre fuite, après nous avoir plongés dans l'abyme de l'anarchie.

« Il (le monarque) eut des impôts avec des soldats, et « des soldats avec des impôts. »

C'étoit un abus que le monarque pût imposer arbitrairement ses sujets; car l'argent, ce signe représentatif de toutes les valeurs, excite des intérêts trop actifs pour livrer celui qui gouverne aux pieges que tendent à sa bienfaisance les flatteurs qui l'environnent. L'impôt étant une prélibation sur les propriétés pour fournir aux dépenses communes, l'équité exige que la nécessité de ces contributions soit prouvée à la nation, qu'elle accorde librement et en connoissance de cause toutes celles qui excedent la mesure des dépenses annuelles, qu'elle répartisse avec une égalité proportionnelle la charge publique sur tous ses membres; ce qu'elle est plus en état de faire que les délégués d'un monarque exposé par son éloignement à des rapports infideles, à des surprises, à des erreurs sans nombre. Les assemblées provinciales que vous aviez imaginées, une assemblée nationale, soit permanente, soit périodique, pour consentir l'impôt, en régler la répartition, et donner conseil au monarque sur tout le reste, étoient le remede le plus efficace à ces abus. Quant à ce jeu brillant de paroles auquel vous semblez vous complaire, *Il eut des impôts avec des soldats, et des soldats avec des impôts*, les républiques n'ont-elles donc pas besoin d'hommes armés pour repousser l'ennemi extérieur et maintenir la tranquillité intérieure? n'ont-elles point besoin d'argent pour payer leurs troupes?

— Les citoyens se défendront eux-mêmes; ils se protégeront eux-mêmes.

— Admirable invention! C'est ainsi que, sur la surface de la France, ont été armés en peu de semaines près de trois millions d'hommes, dont la dépense, à ne compter pour chaque homme que la perte d'une seule journée de travail par semaine sur le pied de vingt sous, forme un impôt de cent cinquante-six millions par année, dépense plus forte que toute celle du département de la guerre dans les temps les plus désastreux, impôt dont le montant n'entre point dans le trésor public, qu'il appauvrit par l'oisiveté de ce peuple dont les travaux l'enrichissoient, sans compter les frais qu'entraîne l'entretien d'une telle armée et ceux qu'exigent les troupes de ligne dont elle ne dispense pas.

Réponse à une objection trop souvent renouvelée.

Si telle est l'excellence de la monarchie, disent les défenseurs du gouvernement républicain, comment se fait-il que de cette foule de monarques qui ont gouverné la France depuis quatorze siecles, si peu aient emporté avec eux les regrets de la nation?

Parcourons sommairement la liste de ces monarques chéris. Un Clovis; car, malgré ses erreurs, on ne peut oublier le fondateur de la monarchie françoise; un Charlemagne; un S. Louis, respecté des barbares eux-mêmes qu'il alloit conquérir, par l'effet de l'une de ces épidémies qui s'emparent de temps à autre des esprits, dont aucun gouvernement n'est exempt; un Philippe-le-Bel, l'instituteur des cours de justice sédentaires, et des états-généraux composés des trois ordres; un Charles V dit le Sage; un Charles VIII, qu'une mort prématurée enleva aux espérances de la nation; un Louis XII, le pere du peuple; cet Henri le Grand dont il suffit de prononcer le nom pour ranimer dans les cœurs françois l'amour du gouvernement monarchique; ce Louis XIV qui, malgré cette fumée attachée aux conquêtes qui l'enivra trop souvent, fit fleurir le commerce et les arts et ranima toutes les parties de l'administration politique; Louis XV, si la défiance qu'il avoit de lui-même ne l'eût rendu trop souvent victime des intrigues dont il étoit environné; oublions l'espoir de la nation au sein des malheurs que l'esprit de parti a fait fondre sur nous, le monarque ami de son peuple, qui, dans le dessein de se prémunir contre les intrigues, assemble autour de lui les représentants de la nation : que sont tous les autres? nous dit-on.

— Ma réponse est simple : Des hommes qui eurent presque toujours à combattre ces factions intestines qui dénaturent le véritable intérêt du monarque. Comme représentant de la chose publique, il n'en a d'autre que l'intérêt public; les cabales, les factions, y ajoutent la nécessité de maintenir, souvent par des voies rigoureuses, cette autorité que la loi de l'état lui a transmise pour le bonheur des peuples soumis à son empire.

On nous peint Louis XI comme le prototype de la tyrannie. Sa jalouse défiance, les délations auxquelles il prêta l'oreille avec autant de despotisme que nos comités de recherches en ces derniers temps, les cruautés qu'il exerça, sont constantes. Si vous en recherchez la cause, ce n'est point à la puissance royale qu'il faut l'attribuer, mais à la résistance qu'opposoit au pouvoir légitime la forme du gouvernement féodal, introduit sur la fin de la seconde race de nos rois, mais à cette ligue prétendue *du Bien public* qui se forma dans les premieres années de ce regne, en un mot au combat d'autorités, seul prétexte capable de distraire le monarque du bonheur de ses sujets, auquel le sien est inséparablement attaché.

Puisque les erreurs d'un républicain m'ont entraîné à porter mes regards sur les siecles passés, car, *bien que le présent nous échappe sans retour, les exemples sont utiles à ceux qui réfléchissent* (1), je crois devoir jeter un coup-d'œil rapide sur quelques uns des gouvernemens tant anciens que modernes qui ont vu la monarchie dégénérer en république; je rechercherai ensuite quelles furent les causes de nos malheurs, et quel en seroit le remede.

Exemples tirés de l'histoire des peuples tant anciens que modernes.

Je ne m'occuperai pas de la constitution américaine, que nos législateurs se sont souvent proposée pour modele. La population, peu nombreuse quant à présent, des treize cantons de l'Amérique septentrionale, vu l'immense étendue de son sol, l'éloignement de ses provinces, sa séparation, par des mers, par de vastes déserts, par des fleuves énormes, de toutes les puissances qui pourroient troubler son repos, la rendent plus susceptible de former une république confédérée qu'une puissance du continent, destinée par la nature elle-même à former un poids important dans la balance de l'Europe; et toutefois en Amérique le gouvernement républicain n'est encore qu'un enfant au berceau. Respectons son sommeil.

Tout le systême du gouvernement anglois consiste dans la division des pouvoirs. J'ai observé ailleurs (2) qu'il étoit difficile qu'une machine si compliquée pût

(1) Harangue de Démosthene pour Ctésiphon.

(2) Vrais Principes du Gouvernement françois, part. I, §. XI.

subsister long-temps. Pour peu qu'un des ressorts prenne de l'ascendant sur les autres, l'équilibre est rompu, la forme du gouvernement altérée. Aussi, après cinq cents ans de guerres et de troubles, à peine le gouvernement anglois est-il parvenu, sur la fin du dernier siecle, à une forme constante, et déja les Anglois agitent cette question, s'il penche vers l'aristocratie ou vers la monarchie absolue. Qu'ont fait nos législateurs? Ils en ont usé, comme des maximes du citoyen de Geneve, adoptant tout ce qui favorisoit leur systême, écartant tout ce qui lui étoit contraire. En Angleterre le corps représentatif de la nation est composé de deux parties destinées à se balancer l'une l'autre, l'une permanente (la chambre des lords), l'autre versatile (la chambre des communes): nos législateurs ont confondu les deux en une. En Angleterre la noblesse est héréditaire : parmi nous toute hérédité, et par conséquent tout contrepoids, est aboli. En Angleterre la prérogative royale consiste en quatre points principaux : le droit d'assembler le corps représentatif, et celui de le proroger, c'est-à-dire de suspendre ses fonctions ; le droit d'approuver les loix nouvelles, ou de les rejeter indéfiniment ; le droit de faire exécuter les loix anciennes ; le droit de faire la guerre ou la paix, modifié par l'obligation d'assembler les représentants de la nation pour fournir aux dépenses de la guerre. Il n'est aucune de ces bases du gouvernement anglois qui n'ait reçu parmi nous des atteintes ; jusques là que, par un décret auquel tout un côté de l'Assemblée n'auroit cru pouvoir participer sans crime, nos législateurs, en rendant la personne du monarque justitiable, en quelque cas, de la nation ou de ses représentants, ont donné atteinte à cette inviolabilité du monarque qu'ils avoient authentiquement décrétée, à cette inviolabilité d'autant plus respectée aujourd'hui par les Anglois, qu'ils conservent le remords des crimes dans lesquels une fermentation passagere les a entraînés. Quel seroit leur sort s'ils s'écartoient de ces maximes? Ecoutons Montesquieu : « Les Anglois, pour favoriser la « liberté, ont ôté toutes les puissances intermédiaires « qui formoient leur monarchie ». (Et cependant on a vu combien il s'en faut qu'ils n'aient même aspiré à cette égalité absolue.) « Ils ont bien raison de conserver leur « liberté ; s'ils venoient à la perdre, ils seroient le peuple « le plus esclave de la terre. (1) »

J'ai parcouru dans un autre ouvrage (2) les trois âges du gouvernement romain. Rome tranquille, florissante, victorieuse sous ses rois pendant une durée de deux cents quarante-six ans, jouit d'une paix intérieure qui n'est troublée que par le défaut d'un ordre invariable dans la succession à la couronne. Parvenue, sous la république, à ce degré de splendeur qui lui donna un empire despotique sur l'univers, elle est déchirée par ces factions intestines, telles que, dans une durée de quatre cents soixante-trois ans, à peine est-il possible de rencontrer un intervalle de cinq années qui ne soit souillé par le

(1) Esprit des loix, liv. II, chap. 4.

(2) Vrais Principes du Gouvernement françois, édition de 1787, part. I, §. X : *Supplément aux considérations de M. de Montesquieu sur les causes de la grandeur et de la décadence des Romains.*

meurtre et le carnage. Sous les empereurs, elle fut livrée, par l'alliance de la forme républicaine et de l'autorité arbitraire, aux délations et à toutes les fureurs du despotisme (1).

J'ai prouvé (2) que celui de Lacédémone renfermoit l'aristocratie la plus dure des Spartiates sur le peuple ilote.

Si nous remontons à une antiquité plus reculée, nous voyons la Grece divisée en un grand nombre de petits états, tous monarchiques; car le despotisme oriental ne s'étendit jamais sur cette heureuse contrée. Des conseils secrets (3), des assemblées de chaque nation, des assemblées des chefs des nations confédérées, la répartition des contributions par le peuple, telle fut l'autorité des monarques chantés par Homere. « O roi des hommes, « Agamemnon, dit le sage Nestor, c'est à toi qu'il con-« vient de parler le premier, d'écouter ensuite, et de « procurer aux autres les moyens de te dire ce que leur « esprit leur suggere pour l'utilité commune; de décider « enfin, car à toi seul appartient l'empire (4) ». Cinq cents soixante-trois années s'écoulent depuis Cécrops, le fondateur d'Athenes, jusqu'à Codrus, qui se dévoua pour son peuple. Pendant tout ce temps quelques guerres étrangeres, nulle guerre intestine. Le peuple se refuse à donner un successeur à Codrus; le gouvernement démo-

(1) Voyez les notes de la seconde Philippique.

(2) Vrais Principes du Gouvernement françois, part. I, §. XII.

(3) Iliade, *passim*. Odyssée, ch. IX et XIII.

(4) Iliade, ch. IX.

cratique remplace la monarchie. Dracon, Solon, sont ses législateurs; l'un des dix archontes conserve le vain titre de roi : la contagion se communique à tous les états de la Grece. Ne donnons rien à l'imagination; cherchons dans Démosthene quels furent les effets de ce changement. « Pendant soixante-trois ans vous fûtes « les arbitres de la Grece; après vous les Lacédémoniens « jouirent, pendant vingt-neuf ans, de la prépondérance. « Dans ces derniers temps, depuis la bataille de Leuc- « tres, l'autorité passa entre les mains des Thébains.... « Toutes les fautes commises par les Lacédémoniens, « toutes celles dont nos ancêtres se rendirent cou- « pables pendant soixante-trois ans, n'égalent pas les « injustices que les Grecs éprouvent de la part de Phi- « lippe depuis treize années..... que dis-je? n'égalent « pas, elles n'en sont pas la moindre partie (1) ». Et quels furent les auteurs de ces maux? « Ceux qui, s'écartant « des maximes de nos peres, bouleverserent de fond en « comble l'ordre établi (2) ». Dans ses plus longs intervalles de gloire, Athenes est livrée aux fureurs des factieux; ses sages les plus renommés, ses administrateurs les plus recommandables, ses strateges vainqueurs, succombent sous la fureur jalouse de leurs ennemis: Athenes n'est heureuse que sous les regnes momentanés de Pisistrate et de Périclès; car quel autre nom donner à l'autorité que ces deux citoyens avoient usurpée?

O ma patrie, par quels degrés es-tu déchue de ton

---

(1) Troisieme Philippique.

(2) Harangue pour Ctésiphon.

antique splendeur? Le tableau abrégé des bases de notre gouvernement, de son rétablissement par la sagesse de nos rois, et de sa décadence, source de tous nos maux, pourra être de quelque utilité dans les circonstances présentes.

Des bases de notre constitution, de son rétablissement par la sagesse de nos rois, et des causes de sa décadence.

Du mélange d'un peuple trop impétueux, trop cruel pour être capable de se donner des loix à lui-même, trop ſier pour obéir à un despote (1), et de ces Germains ou Francs dont Tacite nous peint les mœurs, les coutumes, les loix, se ſorma, par la soumission des vaincus au gouvernement des vainqueurs, une constitution peu différente des anciennes monarchies de la Grece, si ce n'est que Clovis régna sur un empire plus vaste, plus peuplé. Rassemblons les principaux traits de ce tableau.

Le trône héréditaire dans chacune des nations qui composent la ligue fédérative des peuples de la Germanie; le commandement de l'armée combinée, déféré, par élection, au plus digne (2):

(1) C'est ainsi que j'ai cru devoir rendre cette phrase de César dans ses Commentaires, en parlant des Gaulois, *Gens nimiùm ferox ut libera sit, nimiùm superba ut serviat :* car la liberté dont il est ici question est cette liberté politique qui consiste à se donner des loix à soi-même. L'expérience n'a que trop prouvé que nous sommes les mêmes que nos ancêtres.

(2) Reges ex nobilitate, duces ex virtute sumunt; nec regibus infinita aut libera potestas.

Les rois souverains, non despotes :

Une noblesse héréditaire, récompense des services rendus à la patrie ; le monarque dispensateur des récompenses et des peines (1) :

Des conseils privés, des assemblées de la nation pour les affaires majeures ; la loi préparée dans le conseil du monarque, proposée à la nation assemblée, sanctionnée ou rejetée par la volonté générale (2) :

Nul impôt ; mais des repas communs, le partage du butin et les contributions des peuples, employés à l'entretien des troupes, fournissant à toute la dépense ; une prérogative d'honneur dans le partage du butin accordée au monarque (3) ;

Tel fut le gouvernement que Clovis apporta dans les

---

(1) Insignis apud eos nobilitas, aut magna patrum merita, principis dignationem etiam adolescentulis assignant.

(2) De minoribus rebus principes consultant, de majoribus omnes, ita tamen ut ea quorum penès plebem arbitrium est apud principes pertractentur... Ut turbæ placuit considunt armati. Silentium per sacerdotes, quibus tunc et coeundi jus est, imperatur. Mox rex vel princeps, prout ætas, prout nobilitas, prout decus bellorum, prout facundia est, audiuntur, auctoritate suadendi magis quàm jubendi potestate. Si displicuit sententia, fremitu aspernatur ; sin placuit, frameâ concutitur. Honoratissimum assensûs genus est armis laudare.

(3) Exigunt, principis sui liberalitate, illum bellatorem equum, illam cruentam victricemque frameam. Nam epulæ et quanquam incompti largique apparatus pro stipendio cedunt. Materia munificentiæ bella et raptus... Gaudent præcipuè finitimarum gentium donis, quæ non modò à singulis, sed publicè mittuntur ; electi equi, magna arma, phaleræ torquesque, jam et pecuniam accipere docuimus. (Tacit. *de Moribus Germanorum.*)

Gaules, dégradé, sur la fin de la premiere race de nos rois, par l'indolence des successeurs de Clovis, rétabli par Charlemagne pour faire place à ce gouvernement féodal dont je ne peux mieux peindre la tyrannie qu'en employant les expressions d'un publiciste moderne qu'on ne soupçonnera pas de favoriser les idées monarchiques : « Chaque terre, dit l'abbé de Mably (1), fut « une véritable prison pour ses habitants... La qualité « d'hommes libres étoit devenue à charge à une foule de « citoyens : les uns vendirent, par désespoir, leur li- « berté à des maîtres qui furent du moins intéressés à « les faire subsister; d'autres, qui s'étoient soumis, « pour eux et pour leur postérité, à des devoirs serviles « envers une église ou un monastere, consentirent sans « peine que leur dévotion devînt un titre d'esclavage. »

Le despotisme occasionné par le démembrement de la monarchie étoit porté à cet excès de vexation, quand la sagesse et la persévérance de nos rois de la troisieme dynastie parvinrent, sinon à extirper entièrement ces abus, au moins à rappeler l'ordre ancien dans les points principaux. Ce fut à l'affranchissement des serfs, à l'établissement des communes, aux fréquentes tenues d'états-généraux, à l'adoucissement de nos mœurs par les encouragements donnés aux lettres et aux arts, à l'admission d'une forme plus réguliere dans l'administration de la justice, à l'ordre hiérarchique des tribunaux, que la France dut le rétablissement progressif de l'autorité

(1) Observations sur l'histoire de France, tome II, chap. 2, dans les remarques.

protectrice du monarque, et de la tranquillité publique. Malgré les erreurs passageres dont tous les corps sont susceptibles, deux fois ces grandes corporations connues, dans les temps les plus reculés, sous les noms de *placités généraux*, de *commun conseil*, de *grand-conseil*, de *parlements*, raffermirent la couronne chancelante sur la tête de nos monarques. Si l'orgueil humilié, les intrigues d'hommes puissants, les fureurs du fanatisme, nécessiterent quelques actes de rigueur sous le regne de Louis XI et le ministere du cardinal de Richelieu, l'exclusion des récompenses, le desir d'obtenir des faveurs méritées, la crainte des disgraces, suffirent presque toujours pour déraciner cet esprit d'indépendance qui pesoit d'autant plus sur la liberté. Après le délire sanglant de la Fronde, la France parvient au plus haut degré de splendeur sous le regne de Louis XIV; heureuse, si les troubles suscités pendant sa minorité n'eussent fait pencher la balance du gouvernement vers le despotisme; si, enflé de ses succès, séduit par cette fausse gloire attachée au titre de conquérant, Louis XIV n'eût, pour l'acquérir, épuisé ses finances et inspiré à ses voisins cette terreur qui ligua contre lui toutes les puissances de l'Europe. Avec quelle majesté il sut se relever de ses défaites, sans se départir un seul instant de cette sollicitude paternelle si nécessaire pour maintenir la paix intérieure dans l'administration politique!

Louis XIV meurt, laissant pour héritier du trône un enfant de cinq ans. L'administration du royaume est confiée par les magistrats, organes, en cette partie, de la volonté générale, à celui à qui la loi de l'état impose ce pénible fardeau ; génie vaste, doué de tous les genres de connoissances, mais dominé par toutes les passions, incapable d'être contenu ni par la religion, ce frein si puissant, ni par le respect pour l'opinion publique. Le droit de remontrances avant l'enregistrement des loix, supprimé par Louis XIV, est rendu aux magistrats. Un étranger s'empare de la confiance. Son projet pour le rétablissement des finances, vaste, brillant, utile, si une sage économie l'eût resserré dans les bornes légitimes, est saisi avec ardeur par le génie pénétrant du régent et adopté avec enthousiasme par un peuple avide de nouveautés. Une monnoie fictive est substituée au signe représentatif de toutes les valeurs; des trésors lointains nous sont promis; toute proportion entre les valeurs réelles et le papier monnoie est rompue; effet de la crédulité populaire, les vents enfermés dans l'outre d'Eole culbutent les fortunes les plus solides. Pour s'opposer au progrès du mal, les magistrats tentent en vain un moyen qui ne leur réussit que trop par la suite, l'interruption de leurs fonctions; le torrent les entraîne; l'affreuse banqueroute succede à une abondance chimérique.

Le ministere pacifique du cardinal de Fleuri rétablit les finances et nous enrichit d'une grande province (1); mais l'esprit de parti, qui épilogue sur les mots et s'agite sur des questions inaccessibles à l'intelligence humaine, nous menace d'une dissension plus dangereuse. Une faction qu'on croyoit ensevelie sous les ruines

(1) La Lorraine et le Barrois.

de Port-Royal se ranime avec d'autant plus d'éclat, qu'elle fut persécutée avec plus d'acharnement. La sévérité de ses principes, ses mœurs irréprochables des écrits d'une doctrine profonde, et souvent des libelles, sont les armes avec lesquelles quatre prélats, une congrégation rivale des Jésuites, quelques ecclésiastiques du second ordre, et grand nombre de dévotes prises dans toutes les classes de la société, combattent l'autorité du saint-siege, celle de presque tous les évêques de la chrétienté, des congrégations florissantes, une société persécutée dans sa naissance, mais devenue l'antagoniste des universités les plus célebres, puissante par les services qu'elle a rendus à la religion et aux lettres, par l'éducation de la jeunesse dont elle fut chargée, par la confiance intime de tous les potentats de l'Europe. Effrayé des malheurs qu'entraîne l'esprit de parti, plus dangereux encore quand la religion lui sert de prétexte, ce premier ministre se flatte qu'il lui sera facile d'écraser par des coups d'autorité une secte si foible en apparence. Les interdits, les exils, les lettres de cachet, se multiplient; cette Bastille que le prévôt des marchands Aubriot éleva, dans le quatorzieme siecle, pour défendre la capitale contre les entreprises des Anglois, se remplit de prêtres réfractaires, de libraires, de colporteurs, que l'enthousiasme ou l'appât du gain ont engagés dans la distribution de livres et de brochures prohibées. Ces proscriptions, soutenues pendant toute la durée d'un long ministere, ne sont toutefois ni si nombreuses ni si cruelles que celles exercées depuis deux années de l'ere de notre prétendue liberté, par nos comités des recherches et nos *clubs* patriotiques. Un seul évêque réfractaire est dépouillé de son siege. Je ne me permets pas d'examiner si les délits qui lui furent imputés furent prouvés, si les formes furent religieusement observées; au moins l'autorité temporelle n'éleva-t-elle point alors l'absurde prétention de destituer par une loi, en vertu d'une prétendue déchéance *ipso facto*, sans jugement ni ecclésiastique ni même séculier, un ministre des autels. Hommes impartiaux, comparez et jugez.

A la mort du cardinal ministre commence le regne de Louis XV; car, jusqu'à cette époque, l'extrême confiance que ce jeune roi avoit accordée à son instituteur ne lui avoit pas permis de rien administrer par lui-même. Un esprit droit, un coup-d'œil plein de majesté et de douceur, symbole de la perspicacité de sa vue et de la bonté de son cœur, un courage intrépide, une aménité de caractere propre à lui concilier tous les esprits, telle est l'esquisse de son portrait. O France, qu'eût-il manqué à ton bonheur, si celui dont la vue perçante distinguoit avec facilité dans chaque affaire le parti le plus utile eût eu la force d'en assurer l'exécution, si l'habitude de se défier de ses propres lumieres ne l'eût trop souvent entraîné en des précipices dont il avoit mesuré d'avance toute la profondeur!

La paix regne de toutes parts, hors dans l'église. Ses ministres continuent d'avoir recours à des voies rigoureuses pour extirper le schisme et l'hérésie; car ce sont les noms qu'ils donnoient aux défenseurs opiniâtres d'opinions contraires aux décisions le plus universellement adoptées. La secte opprimée trouve dans la magistrature un puissant appui. L'arme des cessations de service a été tentée en 1720, elle a triomphé sous le cardinal de Fleuri en 1732; elle triomphe en 1754 et 1757 : trois partis se forment dans les parlements; celui des magistrats qui *se levent matin pour juger les procès*, suivant l'expression de cette ordonnance de 1344 qu'on rappelle à l'ouverture de chacune des séances des parlements; celui des enthousiastes, qui croyoient voir dans l'accroissement de l'autorité parlementaire l'ordre de Dieu pour la défense du foible contre l'oppresseur; celui des ambitieux, qui avoient conçu l'espoir de réaliser ce mot hasardé dans les cahiers des états de Blois, au sein du fanatisme religieux, que *les cours de parlement, bien qu'elles ne soient qu'une forme des trois états raccourcie au petit pied, ont pouvoir de suspendre, modifier et refuser les édits.*

La résistance du clergé à une répartition proportionnelle des impôts, sa réclamation persévérante d'immunités qui lui furent accordées dans un temps où les biens qu'il tenoit de la libéralité de nos rois et de celle de ses pieux fondateurs suffisoient à peine aux frais du culte, à l'entretien de ses ministres et aux besoins des pauvres qui furent dans tous les temps confiés à ses soins paternels, les privileges pécuniaires multipliés, les prodigalités de la cour, celles d'un ministre ambitieux, une guerre entreprise sous les plus heureux auspices, terminée par une paix honteuse, toutes ces causes ont introduit le désordre dans les finances; il s'est accru par la succession rapide des administrateurs en chef, par une multitude de projets abandonnés après des tentatives coûteuses, enfin par la publicité des remontrances des cours de justice, d'autant plus funestes en cette matiere, que, sans remédier aux désordres, elles alterent la confiance des peuples, anéantissent le crédit public, et, nécessitant le recours à des voies indirectes toujours onéreuses, elles livrent les finances de l'état à l'avidité des traitants et des agioteurs. Comment les prétentions parlementaires n'eussent-elles pas pris des accroissements rapides, quand, sous prétexte d'écarter de ces corps les sujets dont l'esprit systématique troubloit la tranquillité publique, on les récompensoit! L'anarchie semble parvenue à son comble : je dis, semble; car les temps postérieurs nous en offrent un tableau sans comparaison plus redoutable. Louis XV use de toute son autorité pour rappeler les magistrats aux titres les plus honorables de leurs fonctions, ceux de juges des peuples et de ses conseillers inamovibles dans les affaires publiques. La loi qu'il publie dans ce dessein n'est pas entendue; l'égarement des esprits est tel, qu'aujourd'hui même ses dispositions semblent oubliées (1). Aussitôt

---

(1) C'est une chose remarquable que, malgré la clarté des dispositions de l'édit du mois de décembre 1770, aujourd'hui même le plus grand nombre ignore la disposition de cet édit, qui excita alors une si grande fermentation. Voyez, pour preuve de cette assertion, le continuateur de l'*Abrégé chronologique* du président Hénault, année 1770, pages 129 et 130 : « Le roi, dit cet auteur, défendit « au parlement de rendre arrêt qui retardât les enregistrements ». La réfutation de cette calomnie est dans la loi même : « Nous leur « permettons de nouveau (à nos cours) de nous faire, *avant l'en-*

l'arme des cessations de service est employée à deux reprises successives : cinq lettres de jussion sont impuissantes pour faire sortir les magistrats de cette léthargie qu'ils s'imposent à eux-mêmes ; les ordres les plus paternels sont transformés en actes de tyrannie. Je n'entreprends pas de justifier la rigueur des exils, quoiqu'exagérée. Tirons le rideau sur ces temps désastreux. Débiteur de la justice envers ses peuples, Louis XV remplace les membres du parlement de Paris par ceux de son grand conseil, ce tribunal dont l'origine est la même que celle des parlements, destiné par Charles VIII et Louis XII le pere du peuple, conformément au vœu des états-généraux du royaume assemblés à Tours en 1483, à être, près de la personne de nos rois, *leur grand conseil de justice,* comme s'expriment nos anciennes ordonnances... Il leur associe quelques jurisconsultes qui se dévouent pour le bien public. Dans les

« *registrement de nos édits, déclarations ou lettres patentes*, telles « remontrances qu'elles aviseront convenables pour le bien public « et pour celui de notre service..... *Lorsqu'après les avoir écoutées* « *aussi souvent que nous le jugerons nécessaire pour connoître* « *leurs observations et juger de leur importance*, nous persévérerons dans notre volonté, nous leur défendons de rendre aucuns « arrêts, ou prendre aucuns arrêtés, qui puissent tendre à em« pêcher, troubler et retarder l'exécution desdits édits, déclara« tions et lettres patentes ». Aussi ce même article est-il répété dans les articles 23, 24 et 25 de l'édit du mois de novembre 1774, portant rétablissement du parlement de Paris : tant il est vrai que la politique d'alors substituoit sans cesse un vain persifflage à la réalité!

provinces, ceux des magistrats des parlements que la contagion de l'esprit de parti n'a point atteints conservent l'intégrité de leurs fonctions; et, parceque l'expérience a appris que, sur le fait de l'administration de la justice, les peuples prennent difficilement confiance en des commissaires provisoires, le roi déclare (1) les nouveaux offices inamovibles comme les anciens, aux termes de l'ordonnance du mois de mars 1467, cette loi sainte dont la nation a réclamé tant de fois l'exécution. Pour se conformer au vœu de la nation, les tribunaux, plus multipliés, rapprochent les justiciables de leurs juges; l'opprobre de la vénalité des offices de judicature est effacé dans toutes les cours d'appel; la concorde entre le sacerdoce et l'empire est rétablie, la justice administrée pendant trois années avec autant d'intégrité et plus de zele peut-être que dans les temps antérieurs; des opérations dures, il est vrai, mais étrangeres aux fonctions des cours de justice, remettent l'ordre dans les finances. Si les circonstances exigent de nouveaux impôts, de respectueuses remontrances, sans alarmer les peuples par une indiscrete publicité, en temperent la rigueur (2). Tels furent les fruits du nouvel ordre de choses.

Louis XV meurt; et celui dont le péril instantané

---

(1) Edit du mois d'avril 1771.

(2) Il est de fait qu'il n'est aucun édit bursal adressé au parlement de Paris, sous le ministere de M. l'abbé Terray, depuis 1771 jusqu'en 1774, sur lequel ce parlement n'ait fait des remontrances et obtenu des adoucissements considérables.

porta l'alarme dans tous les cœurs, comme si le destin de l'empire eût dépendu de son existence (1), succombe, regretté d'un petit nombre de sujets fideles et d'amis qu'il s'étoit attachés moins par ses bienfaits que par l'aménité de son caractere : tant l'esprit d'indépendance avoit germé dans les esprits de la multitude!

Une mort prématurée a ravi à la France ce dauphin qui, par ses vertus, par son amour pour les François, par la recherche de tous les abus et l'étude approfondie qu'il a faite de toutes les parties de l'administration politique, sembloit destiné à assurer le bonheur de la France, si la providence nous eût permis de nous approprier ces dons, si, pour nous punir de nos crimes, l'Être suprême ne se fût borné à montrer à la terre ce prince dont elle n'étoit pas digne (2).

Son fils, celui de tous les monarques le plus pénétré de cette vérité fondamentale, que *la force publique n'est instituée que pour l'avantage de tous* (3), mais effrayé du fardeau que la loi de l'état lui impose, cherche un guide pour affermir ses pas chancelants au

---

(1) Non aliter quàm si immissis ruat hostibus omnis
Carthago aut antiqua Tyros, flammæque furentes
Culmina perque hominum volvantur perque deorum;
VIRG. *ÆEn. lib. IV.*

(2) Ostendent terris hunc tantùm fata, neque ultra
Esse sinent : nimiùm vobis romana propago
Visa potens, superi, propria hæc si dona fuissent.
ÆEn. lib. VI.

(3) Extrait du procès-verbal de l'assemblée nationale, séance du 20 août 1789.

milieu des pieges tendus à sa jeunesse. Un homme lui est offert comme le sage Nestor; et ce ministre est celui de tous les mortels qui connoît le mieux l'art perfide *de dire une chose et d'en cacher une autre dans son cœur*, le plus insouciant des hommes sur l'avenir pourvu qu'il jouisse en paix et en joie du peu d'années que l'ordre de la nature lui a départi, animé du desir d'exercer une puérile vengeance sur la mémoire de Louis XV qui lui a fait éprouver une disgrace méritée.

Le rétablissement de l'ancienne magistrature est sollicité par un parti puissant. Pourquoi une erreur momentanée eût-elle privé l'état des lumieres de tant d'hommes capables de servir utilement la patrie? Mais l'intérêt même des anciens magistrats exigeoit que la loi de l'inamovibilité ne reçût d'atteinte ni dans les anciens ni dans les nouveaux titulaires. Le rétablissement du grand-conseil est proposé au nouveau monarque comme un contre-poids salutaire pour le maintien des saines maximes. C'étoit compliquer la machine, non l'affermir. La preuve existe dans les motifs mêmes de l'édit du mois de novembre 1774 : « Le nombre « des officiers du parlement seroit trop considérable, si « le roi, en rappelant les anciens membres de cette cour « à leurs fonctions, laissoit subsister les offices nouvel- « lement créés (1) ». Comme si la compétence du grand-conseil n'étoit pas une délibation de celle des parle-

(1) Discours de M. de Miroménil, garde des sceaux de France, au lit de justice du 12 novembre 1774.

ments! En admettant ce contre-poids, au moins étoit-il indispensable d'en maintenir la puissance par une impartiale équité; c'étoit l'engagement que le vieux ministre avoit contracté avec un monarque dont la justice répugnoit à la destitution des plus zélés défenseurs de son autorité tutélaire. A quelles surprises le trône n'est-il pas exposé dans les détails! Pendant dix-sept ans le grand-conseil n'a cessé de lutter avec constance contre la partialité et l'injustice.

C'est par un semblable persifflage que l'astucieux ministre, protestant sans cesse de son dévouement pour la gloire du roi qui a mis en lui sa confiance, parvient en peu d'années à écarter de tous les départements les dépositaires de l'autorité dont il jalouse le crédit. Dans le département des finances en particulier, à un magistrat de la plus scrupuleuse équité, génie vaste, quoique systématique, quoique trop enthousiaste des opinions nouvelles, succede le panégyriste de Colbert, non son imitateur, d'une figure austere, vantant sans cesse les lumieres du siecle, sa probité, ses travaux, sa tendre compassion pour les malheureux, la sollicitude de sa fidele compagne pour les indigents et les infirmes. Enrichi des désastres de la France, étranger, républicain, protestant, appellé d'abord en sous-ordre, il ne tarde pas à supplanter le ministre vertueux auquel il est subordonné. Pour concilier les loix de l'état avec l'autorité qu'on a dessein de lui confier, un titre nouveau est créé en sa faveur. Bientôt la sévere économie qu'il affecte, des réformes utiles, des réglements sages, lui concilient l'estime de ceux mêmes que la différence de religion sembloit devoir en éloigner; il se fait des amis jusques dans le clergé, qu'il se propose d'écraser un jour : mais alors on se persuadoit qu'inviolablement attaché à la monarchie, malgré les opinions républicaines qu'il avoit sucées avec le lait, il ne trahiroit pas la confiance d'un monarque vertueux. Une guerre survient longue, coûteuse, entre-mêlée de succès et de revers. L'indiscrétion et le philosophisme l'ont fait entreprendre. Le directeur général des finances fournit à toute la dépense, sans autre secours qu'une répartition plus exacte de l'impôt et des emprunts ruineux, il est vrai, mais propres à en imposer à la multitude, occupée du présent et peu affectée des dangers d'une administration dont elle ne prévoit pas les funestes conséquences. C'est ainsi que, malgré la révolte de l'intérêt personnel qui voit diminuer ses profits, malgré les haines que suscite au nouvel administrateur un systême plus brillant que solide, la troupe des agioteurs qu'il tient à ses gages, les louanges que lui prodiguent des écrivains faméliques, propagent la confiance et dans la capitale et sur-tout dans les provinces. Une seule fois sa politique se trouve en défaut. Le vieux ministre touche à sa fin. L'imprudent directeur des finances le croit mort; il se sert de la confiance du monarque qu'il a acquise, pour disposer de l'une des places du ministere. Dès lors sa perte est jurée. Par quels moyens? je ne m'en occuperai pas. Mais, avant de succomber, l'ambitieux administrateur répand avec profusion une semence de discorde qu'il pense devoir servir un jour à son élévation. Par le compte qu'il publie de l'état des finances de la France, il se montre à l'Europe entiere comme le restaurateur de la richesse publique de ce grand empire. Ce compte est débattu dans un grand nombre d'écrits : mais quelle plume assez savante pourroit porter la lumiere dans ces ténebres! Le traité *de l'Administration des Finances* suit de près, et sert d'aliment à la malignité par les éternelles déclamations qu'il renferme contre les dépositaires de l'autorité, par les protestations d'un zele ardent pour que les choses soient disposées de maniere que le crédit public ne dépende plus de la confiance personnelle dans les talents et les vertus de l'administrateur. Enfin le traité *de l'Importance des Opinions religieuses*, que j'ai cité au commencement de cette note, couvre d'un voile hypocrite les projets ambitieux de son auteur.

Au vieux ministre a succédé dans la confiance du monarque un homme d'une probité sévere, savant dans la diplomatique, capable d'assurer à la France cette prépondérance qui la rendoit alors l'arbitre des différends qui s'élevoient entre toutes les puissances de l'Europe, mais peu accoutumé aux détails du gouvernement intérieur, obligé trop souvent de s'en rapporter à des conseils ou trompeurs ou trompés.

La résistance des cours de justice à l'établissement des administrations provinciales, destinées à faciliter la répartition de l'impôt, ne laisse au successeur du Genevois, pour subvenir aux dépenses de la guerre, que la foible ressource des sommes qui lui sont offertes par les financiers et les traitants pour obtenir le rétablissement des places supprimées et l'établissement d'un troisieme vingtieme, aussi inégalement réparti que les deux autres.

Enfin parvient au ministere un homme célebre par son attachement aux vrais principes de la monarchie autant que par ses querelles avec les parlements, l'antipode du banquier genevois, aussi affable dans ses manieres que son antagoniste se montroit austere. La paix conclue entre les puissances belligérantes lui facilite les moyens d'encourager l'agriculture, le commerce, les lettres, les arts. Comptant sur les ressources inépuisables de la France, il accueille, peut-être avec trop de facilité, les demandes qui lui sont faites. En peu d'années la liquidation d'une dette immense, produite par une dépense de dix-sept cents millions que la guerre a occasionnée, le livre à ses ennemis. Pour triompher des obstacles qu'il prévoit que l'intérêt privé opposera à une réforme sévere des abus, mine féconde, suffisante non seulement pour couvrir le *deficit* actuel, mais pour procurer à la classe indigente d'utiles soulagements, le nouveau ministre essaie de se fortifier par la réunion des conseils de notables personnages choisis dans toutes les classes de la société. L'histoire lui fournit l'exemple de telles assemblées. Un monarque dont le caractere distinctif est l'amour des peuples soumis à son empire, accueille cette proposition avec enthousiasme. Les notables s'assemblent. Des projets décrétés aujourd'hui pour la plupart par les représentants de la nation entiere, avec tous les accroissements de surcharge que les dépenses postérieures, plus considérables que celles d'une seconde guerre, ont nécessités, sont mis sous leurs yeux. Mais, depuis long-temps, les bases du gouvernement monarchique sont ébranlées, l'esprit républicain souffle de toutes parts; la multitude égarée est décidée à ne rien accueillir de ce qui porte l'empreinte de l'autorité monarchique. M. Necker est devenu l'oracle de la France. Le courageux ministre des finances a osé attaquer quelques unes des assertions contenues dans le *Compte rendu de* 1781; c'en est assez pour prendre sans examen tous les moyens d'accélérer la chûte du prétendu calomniateur. L'un des notables le remplace, ce prélat dont on peint le caractere en observant qu'il commença par dépouiller son prédécesseur, sur une calomnie évidente, des honneurs qu'il avoit obtenus; et cependant ce censeur si austere n'imagine rien de mieux que les plans mêmes présentés aux notables. Mais cette assemblée a terminé ses séances; la magistrature oppose au nouveau ministre une résistance d'autant plus imposante, qu'elle est fondée sur les plus pures maximes du gouvernement monarchique. Le parlement de Paris reconnoît enfin que les magistrats qui le composent, juges des peuples et conseils du monarque, n'ont aucun titre pour consentir l'impôt. Tous les corps de la magistrature, la nation entiere se réunit pour solliciter le renouvellement de ces assemblées d'états aussi anciennes que la monarchie, les plus capables, en des temps calmes, d'éclairer le monarque sur son véritable intérêt, la réforme des abus, mais aussi dangereuses en des temps de fermentation que ce feu qui vivifie tous les corps, lorsqu'appliqué à des matieres volcaniques il souleve les rochers et bouleverse la nature. Le nouveau ministre promet et differe; la résistance s'accroît. Des actes de rigueur et de foiblesse compromettent alternativement l'autorité; tous les canaux de la circulation sont interceptés; on entend souffler de toutes parts

> Cet esprit d'imprudence et d'erreur,
> De la chûte des rois funeste avant-coureur.

Le pilote trop foible abandonne le gouvernail. Il est remplacé; par qui? Par ce même homme qui, six mois auparavant, au sein de la tempête, invitoit le peuple *à se dégoûter enfin de l'esclavage :* c'est ainsi qu'il nommoit cette autorité protectrice dont l'affoiblissement causoit depuis long-temps tous nos malheurs. Combien se sont-ils accrus depuis!

J'ai recueilli les faits principaux, et cependant j'ai à peine laissé entrevoir la cause morale de nos désastres: cette multitude d'écrits qui, depuis un demi-siecle, sous prétexte de déclarer la guerre au fanatisme religieux et aux abus d'autorité, portoit les atteintes les plus funestes à la religion de nos peres et aux maximes du gouvernement; car ces deux bases de la vraie liberté sont aussi corrélatives que l'ame et le corps, puisque la force est impuissante si la conviction intérieure ne détermine la volonté.

Je n'excepte pas le président de Montesquieu lui-même : quelque louable que soit le but que ce magistrat philosophe s'est proposé, *de faire aimer à chacun le gouvernement sous lequel il vit* (1), comment ne s'est-

(1) Préface de l'Esprit des Loix.

il pas apperçu que prendre des noms connus tels que *liberté*, *vertu*, sous des acceptions différentes de celles qu'ils ont dans l'usage ordinaire, c'est induire en erreur la multitude, peu capable de suivre, dans un livre qui renferme plus de choses que de mots, la sorte de dictionnaire que l'auteur s'est faite à lui-même; qu'offrir à une seule nation les principes de l'administration politique de toutes les autres, en insistant, par un éloge pompeux, sur la constitution d'un peuple voisin dont le gouvernement a la même origine que le nôtre, mais qui s'en éloigne toutefois dans les conséquences, comme deux fleuves sortis de la même source se partagent pour parcourir des terrains divers; qu'en user ainsi, dis-je, c'étoit inspirer à ses concitoyens une inquiétude semblable à celle d'un malade toujours disposé à changer de situation sans savoir si celle qu'il choisira est préférable à celle qu'il quitte.

Du foyer immense de l'Encyclopédie s'exhale une multitude de rayons de lumiere et de vapeurs empoisonnées, propagées par les deux hommes célebres qui ont projeté cette grande entreprise, par des écrivains illustres, et par cette foule de jeunes auteurs avides de la célébrité, enthousiastes de nouveautés, qu'ils se sont associés. Les apôtres de la nouvelle doctrine n'osent d'abord proposer leurs opinions que comme des systêmes philosophiques, des doutes dissipés par l'autorité divine et humaine : et cependant, couvert du parfum délicieux de l'éloquence et du charme de la poésie, le poison s'insinue dans les esprits; l'impiété et l'insubordination marchent enfin le front levé.

Rameau détaché de cette tige présomptueuse, la secte des économistes a des succès d'autant plus rapides, qu'elle attaque des abus réels, cette foule d'impôts indirects, source de frais énormes, de gains excessifs, d'un luxe ruineux, de loix pénales rigoureuses, de vexations voilées du spécieux prétexte de prévenir ou d'arrêter les fraudes. Extirpez, nous dit-on, tous ces abus, en reportant sur *le produit net* de la glebe la masse entiere des contributions : le propriétaire ne manquera pas de se dédommager par le prix qu'il mettra à sa denrée; la liberté fera fleurir le commerce et l'industrie : ainsi se graduera une échelle qui n'aura exigé d'autres soins que la premiere répartition de l'impôt; l'état sera plus riche, le travail plus animé, les peuples plus heureux. Un livre écrit d'un style négligé et presque barbare, mais plein de chaleur et d'énergie, dévoile, sous le titre d'*Ami des hommes*, tous les vices du systême dominant : il est lu avec avidité par tous les partis, et ne contribue pas peu à altérer le respect pour l'ordre ancien. La fermentation des esprits force le ministere de céder à l'orage; des tentatives infructueuses accroissent la dette publique. Le nouveau systême, impraticable par une secousse rapide, est rejeté peut-être trop légèrement : mais la secte qui lui a donné naissance n'est ni anéantie ni rebutée; elle se propose de se relever en des temps plus heureux. La premiere assemblée des notables lui en fournit l'occasion; elle la saisit avec avidité, et rencontre au nombre de ses plus zélés antagonistes ce même banquier genevois qui depuis..... Mais cessons de parler de ses intrigues.

Déja se faisoient entendre ces bruits sourds avant-coureurs d'une terrible éruption, quand un homme aussi célebre par la magie de son style que par ses dangereux paradoxes, se donnant à lui-même le nom fastueux de *défenseur de la vérité aux dépens de sa vie* (1), publie, non un traité complet de législation et de politique, mais un fragment d'un ouvrage plus étendu sur la formation du *contrat social* (2). Il reconnoît que son système est impraticable dans un vaste empire; à peine se flatte-t-il de l'introduire dans les plus petites sociétés: et toutefois ce rêve, abandonné dans ses modifications les plus essentielles, devient en peu d'années le catéchisme politique de la France.

Il restoit à tracer le plan d'une révolution; c'est ce qu'entreprend l'abbé de Mabli.

Enthousiaste de l'aristocratie quand il n'avoit point encore conçu l'espoir de cette égalité démocratique, l'objet de ses vœux, il recherchoit, dans ses *Observations sur l'histoire de France*, les bases de notre gouvernement, non dans Tacite, dans Grégoire de Tours, dans les monuments de notre histoire, dans les historiens contemporains (3), mais dans les compositions pour le meurtre d'un Franc, d'un Gaulois, d'un Ripuaire, à peu près semblables à celles qui étoient admises par les anciens Grecs quand la vengeance privée n'étoit réprimée que par des arrangements avec la

(1) Vitam impendere vero.

(2) Voyez l'avertissement.

(3) Observations sur l'histoire de France, tom. I, part. 1.

famille du défunt. La méthode de ce publiciste est de former un système et de contourner ensuite les faits et les monuments pour les appliquer à ses opinions. Voyez avec quel mépris il traite Dumoulin (1), l'oracle du barreau, le génie le plus profond, le plus éclairé de son siecle, parceque ce jurisconsulte a avancé, dans son commentaire sur la coutume de Paris, que « nous de-« vons fidélité au roi, non seulement comme au suze-« rain de tous les fiefs mouvants de sa couronne, mais « comme au représentant essentiel de la chose publique, « comme à notre roi (2) ». Aussi essaie-t-il de consoler le peuple de la servitude à laquelle il étoit réduit sous le gouvernement féodal. Je n'exagere pas; voyez les *Observations*, tome II, liv. IV, ch. 4, dans les remarques.

Dans ses autres écrits, éternel ennemi de la monarchie, l'abbé de Mabli tantôt nous prêche l'aristocratie, l'oligarchie, l'ochlogarchie, tantôt la démocratie pure, cette égalité si propre, selon lui, à étouffer ces deux passions qui troublent le bonheur de l'homme, l'ambition et l'avarice : comme si l'ambition étoit autre que l'excès de cette noble émulation qui enhardit les talents, encourage les vertus, donne la vie à toute l'organisation politique; comme si l'avarice n'étoit pas l'abus de cette

(1) Observations sur l'histoire de France, tom. II, liv. III chap. 2, dans les remarques.

(2) Fidelitas supremo regi nostro non solùm debita est ut supremo domino feudali, sed multò magis ut regi. (DUMOULIN, *Cout. de Paris*, § 1, *gl.* 6.)

propriété dont la loi est essentiellement conservatrice ; ou que ces passions qui existent dans la nature pussent être contenues autrement que par des loix douces, équitables, qui concilient les intérêts privés et les dirigent vers le centre commun de l'intérêt général ! C'est ainsi que le pauvre met à contribution l'opulence du riche, que l'homme puissant est contenu par la crainte que l'abus de son autorité ne dévoile sa foiblesse. Tel n'est pas le systême de l'abbé de Mabli dans un livre que nos régénérateurs semblent s'être efforcés de prendre pour guide, spécialement dans cette autorité sans bornes qu'ils s'arrogent : « Pour rendre la nation libre, dit « l'abbé de Mabli (1), sans que sa liberté pût dégé- « nérer en anarchie, pour établir et faire agir le sénat « avec dignité, (Gustave Vasa) crut qu'il devoit se « rendre plus puissant que n'avoient été les anciens « rois ; car si la premiere magistrature de l'état n'est « solidement affermie, n'attendez rien de celles qui lui « seront subordonées. »

— Il oublie, ce fanatique auteur, que Gustave étoit un monarque, non un peuple.

— « Que faut-il conclure de cette premiere vérité ? « ajoute-t-il (2) : que les loix n'opposeront jamais « qu'une résistance inutile aux efforts de l'avarice et « des vices qui en découlent, si elles ne commencent « par diminuer les finances de l'état ». Ensuite des loix somptuaires très rigoureuses, des magistratures de peu

---

(1) De la Législation, liv. II, ch. 1.

(2) Ibidem.

de durée, des élections par le peuple, des gênes dans la disposition des biens, etc. etc. voilà ce que l'abbé de Mabli appelle la liberté. Quelles seront les suites de ce système? les malheurs inséparables de l'anarchie, *des banqueroutes multipliées, les finances de l'état ruinées, le commerce anéanti, la confiance perdue, tous les ressorts de l'administration dérangés; les campagnes désertes, languissantes faute de culture; le gouvernement ébranlé par les secousses portées aux fortunes des particuliers* (1). Tout cela ne l'effraie pas. « Je réponds, « dit-il (2), qu'il vaudroit mieux ne compter qu'un « million d'hommes sur la terre que de voir une multi- « tude innombrable de misérables esclaves qui ne vivent « qu'à moitié, dans l'abrutissement et la misere. »

— Mais s'il n'existe qu'un million d'hommes sur la terre, que deviendront tous les autres?

O ma patrie, quelle énorme dose de poisons a-t-il fallu te donner pour égarer ton esprit jusqu'au point de te faire oublier cette inviolable fidélité, cet attachement aux saines maximes du gouvernement monarchique, qui, malgré la rouille des abus, malgré tant de secousses momentanées, avoit assuré jusqu'ici ton bonheur? Quel art funeste a-t-il fallu employer pour te porter à ces excès de délire et de fureur dont nos yeux sont encore témoins, auxquels on t'a stylée, comme on accoutume un danseur aux sauts hardis qu'il doit exécuter un jour?

---

(1) De la Législation, liv. I, ch. 2.

(2) Ibid. chap. 3.

De l'état actuel et du remede à nos maux.

OUBLIONS ces excès pour revenir à l'idée que le citoyen de Geneve nous donne du législateur : « Ne pou-« vant, dit-il (1), employer ni la force ni le raison-« nement, c'est une nécessité qu'il recoure à une « autorité d'un autre ordre qui puisse entraîner sans « violence et persuader sans convaincre. Voilà ce qui « força dans tous les temps les peres des nations de « recourir à l'intervention du ciel et d'honorer les dieux « de leur propre sagesse, afin que les peuples, soumis « aux loix de l'état comme à celles de la nature, et « reconnoissant le même pouvoir dans la formation de « l'homme et dans celle de la cité, obéissent avec li-« berté et portassent avec docilité le joug de la félicité « publique. »

De ce concours de vues et de moyens dans les peres des nations, comme les appelle M. Rousseau, résulte l'une des preuves les plus évidentes de la divinité de la religion sainte que nous professons. Seroit-il concevable en effet, si aucun législateur n'eût été inspiré, que tant de fourbes fussent parvenus à accréditer une illusion si contraire à la nature? Dieu, législateur du monde, quant aux principes de la loi naturelle, gravés par sa toute-puissance et dans nos cœurs et sur les tables de la loi; législateur des Juifs par ses saintes inspirations à Moïse et à ces juges du peuple qu'il avoit

(1) Contrat social, liv. II, ch. 7.

choisi dans sa sagesse pour être le dépositaire et le témoin de ses oracles et de ses prodiges; séparant ensuite la puissance temporelle de l'autorité sacerdotale jusqu'à la venue de ce médiateur promis aux nations, qui confirme authentiquement cette séparation par l'établissement d'un empire qui n'est pas de ce monde, et toutefois nécessaire pour concilier à la loi humaine l'assentiment de la conscience; tels sont les principes de notre sainte religion. Qu'en conclure? Qu'un évêque, un curé, purement constitutionnels, peuvent être les ministres de la loi, mais qu'ils ne sont pas les ministres de l'évangile.

— D'accord; aussi ceux que nous maintenons par la force ne reçoivent-ils pas du peuple, mais de l'église, l'institution canonique.

— Quand cessera-t-on de se jouer des mots? Comme si une institution forcée, sur une destitution illégale, pouvoit être de quelque poids dans un état libre, régi par les loix!

— Que parlez-vous de destitution? Aucun des ministres de l'église n'est destitué par la loi civile; mais cette loi souveraine à laquelle la religion vous oblige de vous soumettre a déclaré que les prédécesseurs de vos évêques, de vos curés constitutionnels, seroient censés s'être démis dans les cas qu'elle a déterminés.

— Autre équivoque; qu'est-ce qu'une démission? Une abdication volontaire, susceptible, quand le juge compétent l'a ainsi déclaré, d'être induite par présomption d'actes qui supposent une volonté contraire à la conservation d'un office. Comment admettre des présomptions contre des volontés formellement exprimées? Vos prétendues démissions ne different donc en rien de ces excommunications *ipso facto* auxquelles la France entiere opposa autrefois une si noble et si juste résistance, quand les souverains pontifes tenterent de les introduire parmi nous.

— L'église est dans l'état.

— Sans doute, quant à l'obligation imposée à ses ministres de se soumettre aux loix de l'état en ce qui n'est pas contraire à la loi de Dieu : mais, sous un autre point de vue, l'état est dans l'église; car tous ses membres sont ouailles du troupeau de Jésus-Christ. Contester cette vérité, ce seroit effacer la distinction des deux puissances, usurper la suprématie, nous reporter enfin à cette religion civile de votre maître Jean-Jacques, que vous abandonnez dans tout ce qui est contraire à vos systêmes pour adopter ses paradoxes quand ils favorisent vos opinions, et substituer ainsi à la religion révélée une religion factice, incapable de faire impression sur les esprits; car nous ne sommes plus dans ces temps d'ignorance et de superstition qui admettoient les prestiges de fausses révélations.

— La nouvelle loi n'est autre que le rétablissement de la discipline de l'église primitive.

— Je pourrois vous demander qui vous autorise à renverser ce que l'église a établi depuis près de trois siecles en vertu du pouvoir qu'elle tient de Jésus-Christ, pour rappeler ce qu'elle a réformé en vertu du même pouvoir. Mais, dans ces temps anciens, les évêques étoient choisis par l'église de chaque diocese, c'est-à-dire, comme le nom le porte, par l'assemblée des fideles réunis sous leurs pasteurs légitimes : l'étoient-ils par la puissance purement civile d'électeurs pris parmi tous les citoyens actifs d'un département, catholiques, hérétiques, anabaptistes, sociniens, juifs, mahométans, etc. réunis sous l'autorité de magistrats civils? L'histoire nous apprend que, non seulement dans l'église primitive, mais pendant un grand nombre de siecles, les ministres du second ordre furent délégués par leurs évêques pour desservir des autels; car c'est le nom qu'on donnoit alors à ce que vous nommez maintenant des cures. Ces ministres n'étoient donc pas choisis par le peuple; ils étoient le conseil de l'évêque : mais ce droit de conseil n'étoit pas tel, que le dispensateur unique de tous les pouvoirs spirituels, suivant la loi de l'église, pût être forcé par la pluralité des suffrages de les conférer à des ministres qu'il en jugeroit incapables ou indignes. Mais je m'engage sur des feux couverts d'une cendre perfide.

J'ai relevé, dans un autre lieu, ce que j'ai cru découvrir de contradictions, d'incohérences, dans ce grand ouvrage que vous travaillez, depuis deux années, de pieces rapportées, sans ordre ni méthode, au sein de débats quelquefois scandaleux. Il seroit surnaturel qu'un tel édifice ne portât pas l'empreinte des intérêts privés qui ont présidé à sa construction. J'ai insisté (1) spé-

(1) Voyez les notes à la suite de la seconde Olynthienne, de la premiere et de la seconde Philippiques, de la harangue sur l'Halonese, de la troisieme Philippique, enfin de la harangue sur la lettre de Philippe.

cialement sur les vices que j'ai cru remarquer dans le nouvel ordre judiciaire que vous avez établi tant au civil qu'au criminel, cette portion de vos travaux si intéressante pour la sûreté de la vie, de l'honneur, des propriétés, de la liberté de tous les citoyens. Vous ne cessiez de déclamer contre cette ordonnance de 1670, rédigée sous les ordres d'un despote (car c'est ainsi que vous qualifiez Louis XIV); et il faut l'avouer, la volonté générale sollicitoit des réformes à quelques unes des dispositions de cette ordonnance : cependant rien n'étoit livré à l'arbitraire; la preuve légale du crime étoit rigoureusement exigée; ni la vie ni l'honneur du moindre des citoyens n'étoient abandonnés aux préjugés, à l'erreur, à la précipitation d'un seul tribunal. L'appel étoit de droit, quand même le condamné ne l'eût pas interjeté, si vous exceptez quelques cas impérieusement nécessités par l'intérêt public. La loi avoit pris toutes les précautions que la prudence et l'humanité exigent pour garantir des surprises la religion de magistrats obligés de se confier à cette preuve si variable, si incertaine, si susceptible de fraudes et d'erreurs, la déposition des témoins; aucun ne pouvoit faire charge, s'il n'avoit été mis à portée, par le récolement, suivant le langage d'alors, c'est-à-dire, par la répétition de sa déposition, sous la religion du serment de rectifier les erreurs échappées à la fragilité humaine; aucun ne pouvoit faire charge, s'il n'avoit été confronté à l'accusé, s'il ne s'étoit engagé entre eux le combat le plus propre à confondre le mensonge et assurer le triomphe de la vérité. La plainte, les informations, les récolements, les reproches contre les témoins, les confrontations, les interrogatoires, toute la procédure étoit consignée en des monuments authentiques; l'accusé et sa famille y trouvoient dans tous les temps une ressource assurée pour dévoiler l'iniquité et venger l'innocence opprimée.

Aujourd'hui la portion la plus difficile de l'instruction criminelle, l'application du corps de délit à la personne de l'accusé, est livrée, sans appel, à des magistrats momentanés, sans expérience et d'en l'impossibilité d'en acquérir, choisis dans toutes les classes de la société, susceptibles de toutes les erreurs, de tous les préjugés si puissants sur la multitude. Une question à peine proposable dans les siecles de barbarie que le gouvernement féodal avoit ramenés (1), si les dépositions des témoins doivent être écrites, ou s'il suffit qu'elles soient confiées à la mémoire des jurés, a occupé cinq séances orageuses de votre assemblée. Le parti le plus juste l'a emporté : mais qu'importe, si l'examen et les débats, c'est-à-dire, pour parler l'ancien langage, les récolements des témoins, les reproches, les confrontations, toutes parties intégrantes de l'instruction, nécessaires pour compléter la preuve, ne sont confiés qu'au sou-

(1) Ce fut sous le regne de Jean-Sans-Terre que la grande charte substitua en Angleterre la procédure par jurés à la vengeance privée, aux duels, aux épreuves, qu'on nommoit alors le jugement de Dieu. On n'ordonna pas que les dépositions des témoins seroient écrites, parcequ'il se trouvoit difficilement, dans ces siecles d'ignorance, des laïques qui sussent écrire.

venir d'auditeurs trop souvent distraits ou prévenus? Ainsi les voies de fait les plus odieuses, les injustices les plus criantes, seront ensevelies dans un éternel oubli. Tel coupable échappera à la peine pour le malheur de la société, tandis que l'innocent succombera sous les traits de l'imposture, sans qu'il reste ni à l'accusé ni à ses représentants aucune ressource pour se justifier ou purger la mémoire. N'a-t-on pas entendu avancer, comme une base de notre prétendue liberté, cette proposition, que la conviction intérieure des jurés, sans preuve légale, devoit suffire pour déclarer l'accusé coupable, et nécessiter l'application de la peine! Grand Dieu! à quels siecles d'horreurs serions-nous réservés si une telle maxime prenoit crédit parmi nous!

Telle est, dit-on, la volonté générale. Qu'entendez-vous par ce mot? Cette commotion du moment entretenue à l'aide d'écrits scandaleux que des intrigants font lire d'une voix théâtrale dans les places et dans les carrefours, et de ces *clubs* prétendus patriotiques qui étendent leurs rameaux de la capitale jusqu'aux extrémités du royaume, et de l'inquisition de vos comités des recherches, ou de ces troupes de brigands qui sement de toutes parts la terreur et la mort? Quel gouvernement que celui qui ne donneroit à la liberté qu'une base si ruineuse! Quelle liberté que celle qui nous imposeroit un joug plus dur que celui des plus cruels tyrans! Telle n'est pas cette volonté générale, toujours droite, toujours juste, qui consiste, suivant le langage de Rousseau, dans la différence qui résulte du choc d'opinions émues librement, qui se détruisent l'une l'autre en tout ce qu'elles ont de contradictoire. Il me semble l'entendre vous parler ainsi :

AUGUSTES REPRÉSENTANTS DE LA NATION FRANÇOISE, mes mandataires pour porter au pied du trône mes ordres, mes vœux, mes doléances, comme il vous plaira de les appeler; est-il concevable que de tant de jurisconsultes il ne s'en soit pas trouvé un seul assez courageux, pour s'élever avec cette éloquence persuasive qui triomphe des cabales et entraîne par la force de la vérité, contre la prétention que vous avez réalisée de vous faire des titres à vous-mêmes, système absurde, destructeur de toute liberté par là même qu'il érige la force en droit.

Je ne me livrerai pas à l'examen d'opinions dont le jugement appartient à une puissance indépendante de moi, ressort le plus puissant de l'économie politique, en cela même qu'elle agit sur les volontés.

Pour me renfermer dans les limites que l'auteur de la nature m'a assignées, j'applaudis à la reconnoissance authentique que vous avez faite en mon nom de la seule constitution politique qui convient à ce vaste empire, la monarchie héréditaire de mâles en mâles, suivant l'ordre de progéniture, à l'exclusion perpétuelle des femelles et de leurs descendants, ce gouvernement d'un seul, tempéré par les loix, dont l'amour est gravé dans le cœur des François. J'applaudis aux conséquences que vous en avez tirées, dont la plus essentielle est l'inviolabilité du monarque, seul exécuteur de mes loix, seul dépositaire de ma puissance, qui ne reconnoît d'autre juge que Dieu; mais quel funeste enthousiasme vous a déterminés, en consacrant par vos décrets cette base fondamentale du gouvernement de nos peres, à retrancher, avec la faux d'une fermentation passagere, les rameaux de ce chêne antique qui vous avoit rassemblés sous son ombre?

Je loue votre zele pour consolider l'anéantissement des privileges pécuniaires des personnes et des provinces qui mettoient obstacle à une répartition proportionnelle de l'impôt. J'approuve vos soins, bien que tardifs, pour simplifier les contributions. Mais que, par une basse flatterie, vous ayez souffert que la multitude s'aveuglât sur ses propres intérêts jusqu'à livrer, pendant deux années, les campagnes à ces plantes parasites qui en dévorent la substance; que vous ayez creusé de vos propres mains l'abyme que je vous avois chargé de combler, et nécessité un surcroît de charges qui accable aujourd'hui toutes les classes de la société, et impose à l'indigent le double fardeau et de sa dette personnelle et de la privation de travail que le superflu du riche lui procuroit; cessez de me calomnier jusqu'à m'imputer de telles contradictions.

La prorogation des immunités pécuniaires du Clergé, depuis long-temps sans objet, avoit occasionné des surcharges sur les classes non privilégiées de la société: il étoit juste qu'indépendamment d'une répartition proportionnelle pour le temps à venir, les ministres de la religion contribuassent à combler le *deficit* des finances; que, pour fournir à cette subvention, ils fussent autorisés à aliéner à perpétuité une portion de leurs biens, à en faire eux-mêmes une nouvelle répartition révêtue des formes canoniques : l'état y eût gagné par la confiance qu'une telle hypotheque eût inspirée pour ce numéraire fictif que vous avez substitué au numéraire réel. Mais qu'après avoir juré de maintenir toutes les propriétés vous vous soyez emparé de celles qui avoient été considérées jusqu'ici comme sacrées; que, semblables aux sauvages de la Louisiane, vous ayez abattu l'arbre pour en cueillir les fruits; je repousse avec indignation le don que vous me faites des dépouilles de ces ministres des autels qui levoient tous les jours les mains au ciel pour que Dieu inspirât aux comices françois cet esprit de sagesse, de justice et de modération, si nécessaire pour s'acquitter dignement de leurs pénibles fonctions; je m'indigne de ces libelles qui dénoncent à un peuple égaré, comme des écrits incendiaires; car c'est ainsi qu'on les nomme; les instructions des évêques et des prêtres qui exposent les raisons qui leur ont fait préférer l'indigence à la soumission à une loi qu'ils ont jugée contraire à la loi de l'église.

J'avois gémi trop long-temps de l'orgueil insensé qui éloignoit l'humble plébéien des emplois auxquels l'appeloient ses talents et ses vertus : vous l'avez détruite cette barriere que l'opulence seule savoit franchir; graces vous en soient rendues : mais falloit-il, en égalisant tous les rangs, éteindre dans les cœurs cette crainte salutaire de dégénérer, cette noble émulation qu'enflamme l'espoir de transmettre à sa postérité des distinctions justement méritées?

Vous avez mis, par la distribution des départements

et la responsabilité des ministres, les finances de l'état à l'abri de l'avidité des courtisans : mais quelles précautions avez-vous prises pour les défendre de la rapacité et des chocs de cette multitude de corps administratifs dont la rivalité complique les ressorts du gouvernement?

Je m'arrête sur cette responsabilité des ministres si desirée et si juste pour toutes les sommes dont ils sont dispensateurs, pour tout ce qu'ils administrent par eux-mêmes : avez-vous fait cette réflexion qu'étendre la responsabilité au-delà de ses bornes légitimes, y soumettre les mandataires du monarque pour l'exécution des ordres qu'ils ont reçus, excepté toutefois ceux qui violeroient ouvertement ces loix immuables que le monarque est dans l'heureuse impuissance de révoquer, ce seroit juger le monarque lui-même en la personne de ses ministres et donner atteinte à la loi de l'inviolabilité, que vous avez si solemnellement reconnue, et qui n'a pas cependant toujours échappé à vos coups? j'en atteste ce décret concernant la résidence des fonctionnaires publics, au nombre desquels vous placez le représentant essentiel de la chose publique.

Je reprends l'examen du nouvel ordre de choses que vous vous efforcez d'introduire sur les décombres de l'ancien, et je le considere relativement aux trois pouvoirs dans lesquels réside toute la constitution politique.

La puissance législatrice m'appartient essentiellement : car c'est moi qui, par une déclaration ou expresse ou tacite de la volonté de tous, ai réuni les hommes en société; c'est moi qui, dans la monarchie, ai choisi le monarque pour être mon organe dans tous les détails dont le peuple est incapable, sous la seule condition de donner accès aux conseils, aux représentations, qui ralentissent la marche trop rapide du pouvoir arbitraire et distinguent la vraie monarchie du despotisme. Cependant, abandonnant au monarque et aux corps administratifs ces proclamations pour l'exécution des loix, qui ressemblent si fort à ces arrêts du propre mouvement contre lesquels j'ai réclamé sans cesse, dans la crainte que, sous prétexte de faire exécuter les loix, on ne donnât à leurs dispositions des extensions dangereuses, vous vous réservez à vous seuls et à vos successeurs toute la puissance législative, sans permettre même au monarque, si ce n'est dans un petit nombre de cas prévus par vos décrets, ce que vous nommez *l'initiative*, c'est-à-dire le droit de proposer la loi délibérée dans son conseil. Vous redoutez, dites-vous, une influence dangereuse, contraire à la liberté des opinions, et vous ne craignez pas l'influence de ces associations qui étendent la chaîne du despotisme ochlogarchique sur toute la surface de ce vaste empire! Vous donnant le titre pompeux de *convention nationale*, que vous n'avez pas reçu de moi, car il ne s'agissoit point de réunir en société une horde de sauvages, mais d'effacer la rouille des abus qui souilloient notre antique constitution, vous exigez du représentant de la chose publique, que vous tenez sous votre dépendance, qu'il accepte sans examen tout ce qu'il vous plaît de nommer *des décrets constitutionnels*, vous bornant à lui accorder sur les autres objets un *veto* suspensif, par le refus de sa sanction, jusqu'à la troisieme législature. Rien de tout cela n'étoit compris dans ces cahiers dépositaires de ma volonté, dont vous aviez juré l'observation. Ecartons les questions de mots. Ce n'est pas le refus de concourir à la loi qui constitue la monarchie, le gouvernement d'un seul, mais le titre d'organe essentiel de la volonté générale, soumise aux formes légales; afin que celui qui, par sa position même, est dégagé de tout intérêt privé, soit averti, par les réclamations des représentants de la nation, des pieges que les intérêts privés pourroient tendre à sa foiblesse: telle est la marche simple de la nature, le sûr garant des propriétés et de cette liberté individuelle qui est le but auquel tendent tous mes vœux.

Dans le dessein d'attacher les habitants des campagnes à leurs utiles travaux, je vous avois chargés de rapprocher les justiciables de leurs juges. Par l'abolition de ces cours d'appel que vous aviez vous-mêmes décrétées; car c'est les avoir abolies que de confier aux mêmes tribunaux les deux degrés de jurisdiction; par l'établissement de vos jurés en matiere criminelle, sans même que la procédure entiere soit consignée en des monuments authentiques; par ces remboursements de plus de six cents millions dont vous avez surchargé le trésor public, tandis qu'il eût été facile d'effacer, par une voie plus douce, l'opprobre de la vénalité des offices de judicature; par l'éloignement de presque tous les magistrats dans lesquels j'avois mis ma confiance; par la destruction de l'inamovibilité des offices de judicature aussi nécessaire dans les républiques pour arrêter les funestes effets des émotions populaires, que dans les monarchies pour prévenir les intrigues des cours; enfin par cette multitude d'élections dont vous avez surchargé un peuple incapable de se déterminer que par l'estime sur parole, exposé à toutes les cabales des intrigants, ne réservant au représentant essentiel de la chose publique que l'inscription de son nom à la tête des jugements et le droit de faire appliquer le sceau de l'état à des commissions émanées du peuple; ce que vous avez étendu jusqu'à cette cour de cassation, qui n'est autre par sa nature que le conseil du monarque; puisqu'en effet la puissance exécutrice est nulle, si les magistrats chargés de réprimer les contraventions aux loix ne tiennent d'elle leurs pouvoirs; jusqu'à cette haute cour nationale destinée à connoître des atteintes portées aux bases essentielles de la constitution; par toute cette machine démocratique que vous avez élevée sur les ruines de la monarchie, vous avez rendu l'administration de la justice, cette sauve-garde des propriétés, de la vie, de l'honneur, de la liberté des citoyens, aussi versatile que l'opinion du moment : ce n'étoit pas la mission que je vous avois donnée.

Il vous restoit, pour réduire la monarchie à une ombre vaine, de subordonner la puissance exécutrice elle-même à vos délibérations et d'ébranler jusqu'à la foi due aux traités avec les puissances étrangeres. Tel a été l'effet de cet enthousiasme d'une prétendue liberté, qui nous conduiroit infailliblement à l'esclavage le plus dur, si la multitude, qui, semblable à une vue foible, se porte d'abord aux extrêmes, parcequ'elle ne saisit que les masses, mais qui, instruite par l'expérience, dissipe enfin les prestiges qui l'avoient séduite, ne revenoit de son égarement.

Quel remede à ces maux sans un nouveau bouleversement de toute la machine politique? Le retour à la vérité, aux loix dictées par cette volonté générale dont ma foible voix a tenté de faire entendre les accents ; de nous reposer de ces secousses passageres sous les ailes d'un monarque ami de son peuple, qui, fortifié par le vœu des représentants de la nation entiere, avec laquelle il a déclare *ne vouloir faire qu'un* (1), purgera la nouvelle constitution des taches que les intérêts privés y ont imprimées; de rappeler en un mot la monarchie à ce gouvernement paternel dont elle est l'image.

P.S. QUAND je croyois entendre la volonté générale s'exprimer ainsi, nos augustes législateurs n'avoient point encore arraché au pouvoir exécutif le plus beau fleuron de sa couronne, *le droit de faire grace*. Peuvent-ils se flatter qu'un tel décret ait l'approbation de la volonté générale?

— Pourquoi non? Nous rétablissons le peuple dans ses droits. C'est à la nation seule, comme souveraine, qu'il appartient de remettre ou de modérer la peine prononcée par la loi.

— Aussi le monarque n'usoit-il de ce droit que comme l'organe essentiel de la nation, le dépositaire de tous les

(1) Discours du roi à l'assemblée nationale, du 13 juin 1789.

pouvoirs que le peuple est dans l'impuissance d'exercer par lui-même. Vous redoutez l'intrigue des cours ; et, par ce motif, vous ne lui permettez, en aucun cas, de soulever le glaive prêt à s'appesantir sur une tête coupable. Ni les larmes d'une famille éplorée, ni les services passés, ni ceux qu'on auroit droit d'attendre d'un repentir sincere, ne pourront soustraire le coupable à la peine; et ce que vous refusez au représentant essentiel de la chose publique, à celui qui, dégagé, par sa position même, de tout intérêt privé, est l'image de l'Être suprême, vous l'abandonnez à cette multitude entraînée trop souvent par des ressorts qui lui sont inconnus, qui éleve aujourd'hui des autels à ceux dont elle déchirera demain les entrailles, à ce peuple que vous avez vu arracher un parricide à l'échafaud, tandis qu'il précipitoit dans la tombe les innocentes victimes de sa fureur momentanée.

— Le droit de faire grace n'est pas ancien dans la monarchie françoise.

— Comme si, dans tous les temps, nos monarques ne se fussent pas déclarés les protecteurs nés de leurs sujets ! Telles furent ces *lettres de sauve-garde* qu'ils accordoient à des particuliers, à des communautés, à des villes entieres, pour les défendre de l'anarchie féodale, dont l'usage remonte à la premiere dynastie. (Voyez les *Formules* de Marculfe, livre IV, et l'abbé de Mabli lui-même dans ses *Observations sur l'histoire de France*, livre I, chap. I, n. 4, dans les remarques.) Vous avez pris, dites-vous, pour modele de votre constitution, le gouvernement anglois; j'ai fait connoître avec quelle équité : et vous oubliez que, dans ce royaume, aucun jugement à mort n'est mis à exécution, s'il n'est autorisé par la signature du monarque; qu'une seule fois le peuple anglois s'écarta de ces regles, et qu'il expie tous les ans le parricide judiciaire par lui commis en la personne du martyr Charles Ier, qui n'eut d'autre reproche à se faire que d'avoir donné les mains au sacrifice volontaire que le lord Stafford avoit fait de sa vie à la fureur d'une multitude égarée; vous oubliez que, jusqu'au regne de Charles VIII, nos monarques, à l'exemple de tous les anciens rois, s'étoient maintenus dans l'usage d'exercer la justice par eux-mêmes, témoin ce chêne au pied duquel S. Louis, suivant le témoignage de Joinville, *se seyoit pour entendre les parties et rendre sa sentence selon l'équité;* et cette adresse de Charles VIII à la chambre des comptes de Paris, à l'effet de connoître *la forme dans laquelle ses prédécesseurs donnoient audience au pauvre peuple..... et comment monsieur saint Louis y procédoit.* « Ayant « reçu, dit le continuateur de l'abbé Vély d'après les « mémoires de Commines, les éclaircissements qu'il « demandoit, il se mit à donner régulièrement des au- « diences..... Il découvrit, par ce moyen, un grand « nombre de vexations qui se commettoient dans les « provinces par les officiers revêtus d'une portion de « son autorité ». Vous oubliez enfin que ce droit de faire grace, apanage essentiel de la royauté, fut, dans tous les temps, le motif le plus puissant employé par les magistrats pour mettre un frein à ces commissions extraordinaires trop souvent accordées à l'intrigue, à la haine, à la vengeance. « Les rois, disoit le président de « Bellievre à Louis XIII dans l'affaire du duc de la Val- « lette, *se réservant les graces*, renvoient ordinaire- « ment les condamnations à leurs officiers..... *La face « du prince, qui porte les graces*, ne peut soutenir de « voir sur la sellette un homme devant elle, qui, par « son jugement, iroit dans une heure à la mort (1). »

— Aussi ne le verra-t-il pas; car nous avons dépouillé la puissance chargée de veiller à l'exécution des loix, de toute participation au pouvoir destiné à maintenir cette exécution.

= Et vous fermez les yeux à l'énorme contradiction que renferme ce systême!

---

(1) Mémoires de Montrésor, pag. 271 et 272.

NOUVELLE LETTRE

D'UN PATRIOTE

A UN MAGISTRAT

Sur les questions agitées à l'occasion de la prochaine tenue des Etats-généraux,

Servant de supplément au livre intitulé *Des vrais Principes du Gouvernement françois.*

AVERTISSEMENT.

CETTE lettre fut publiée dans les premiers jours de janvier 1789, immédiatement après cette seconde assemblée des notables si infructueuse, lorsque nous étions inondés d'écrits relatifs à la prochaine convocation des états-généraux : aussi renferme-t-elle l'examen de quelques questions que les loix nouvelles rendroient superflues aujourd'hui; je n'ai pas cru cependant devoir les retrancher.

Le ministre qui dominoit alors, ayant été instruit que je m'occupois de ce travail, me fit demander de le lui adresser aussitôt qu'il seroit en état. Il le reçut en manuscrit, et ma lettre m'attira sa disgrace exprimée par quelques injustices.

Cependant M. Necker n'employa aucune

11

voie d'autorité pour empêcher la publication de mon ouvrage; mais les émissaires secrets dont il savoit se servir si utilement parvinrent à l'étouffer dans sa naissance.

NOUVELLE LETTRE

D'UN PATRIOTE

A UN MAGISTRAT

Sur les questions agitées à l'occasion de la prochaine tenue des Etats-Généraux.

Vous desirez, monsieur, que je vous développe mon opinion sur cette multitude d'écrits dont nous sommes inondés depuis que le roi a promis d'assembler les états-généraux du royaume et de rétablir la nation dans tous ses droits.

Cette discussion exigera que je me livre à l'examen de prétentions souvent combattues, toujours renaissantes, et que je remonte, pour le faire avec méthode, aux principes fondamentaux de notre constitution, que nos écrivains modernes affectent de méconnoître pour en forger une conforme à leurs intérêts ou à leurs systêmes.

Je ne peux vous expliquer ma pensée avec plus d'énergie que par une comparaison dont l'application fera tout le sujet de cette lettre.

Il me semble, en lisant la plupart de ces écrits, voir

une troupe de sauvages à qui l'on montre une superbe pendule à secondes. Ils en admirent la structure, le mouvement, la vie : mais à quoi sert, disent-ils, cette énorme lentille suspendue à une longue verge de métal qui ne tient à la machine que par un point et ne semble destinée qu'à se promener sans cesse d'un côté à l'autre? Si c'est un premier mobile qui imprime le mouvement à ce chef-d'œuvre de l'art, il le ralentit en même temps. Ne pourroit-on pas l'alléger? L'action de chaque partie seroit plus libre et plus rapide. Ils disent, et remplacent la lourde lentille par une surface creuse. A l'instant l'équilibre est rompu; quelques roues s'arrêtent; d'autres se meuvent avec une vîtesse prodigieuse, se heurtent, s'engrenent : la superbe machine, jusqu'alors plus uniforme dans ses mouvements que l'astre qui nous éclaire, n'est plus qu'une masse immobile.

PRINCIPES GÉNÉRAUX.

Cette comparaison est d'autant plus juste, que, dans tout gouvernement, le souverain est ce balancier qui dirige les intérêts et les passions des hommes vers le centre commun de l'intérêt public.

Dans la monarchie un seul commande : le nom même l'indique; *rex, à regendo*. La supériorité de ce gouvernement sur les autres consiste en ce que le premier mobile, le modérateur universel, détaché par sa supériorité de tout intérêt privé, n'est susceptible, par lui-même, d'aucune autre ambition que de se concilier l'amour des peuples soumis à son empire.

A Dieu ne plaise que je dissimule les effets des passions de ceux qui l'environnent, des coopérateurs qu'il est forcé d'employer, qui le distraient trop souvent de cet intérêt réel, le seul qui puisse assurer sa félicité et sa gloire !

> Détestables flatteurs, présent le plus funeste
> Que puisse faire aux rois la colere céleste !

Ainsi s'exprimoit, sous le monarque le plus jaloux de son autorité, ce même Racine qui mourut victime de la crainte d'une disgrace non méritée.

Quel sera le remede à ces maux?

La nature ayant gravé dans l'homme le besoin de la société pour lui procurer, par la réunion avec des semblables, les avantages qu'il ne pourroit espérer d'une liberté indéfinie, exposée aux insultes de tous, ce principe, *Le salut de l'état est la suprême loi*, est la base de tous les gouvernements, de tous les empires, de toutes les sociétés.

De là, deux sortes de *liberté*, pour parler le langage de M. de Montesquieu (1) : *la liberté politique*, qui consiste dans le droit de se donner des loix à soi-même ; et *la liberté de l'individu*, ou le droit de faire tout ce qui n'est pas défendu par les loix : en sorte que, suivant l'auteur de l'*Esprit des Loix*, « la constitution peut « être libre, tandis que le citoyen ne le sera point, et « que le citoyen peut être libre et la constitution ne « l'être pas. »

---

(1) Esprit des loix, liv. XI, chap. 3 et 4.

Cette *liberté politique* est-elle tellement le plus grand avantage de la société, que, dans un état composé de plusieurs millions d'hommes, la puissance législative réside essentiellement dans le corps de la nation?

C'est cette proposition, qu'on suppose démontrée plutôt qu'on ne la prouve, qui ébranle aujourd'hui des maximes regardées comme certaines depuis plusieurs siecles.

« La volonté générale est toujours droite, nous dit le « philosophe de Geneve (1), quand elle statue sur un « objet général. »

Je ne conteste pas cette proposition, renfermée dans les termes dans lesquels elle est conçue; car, la généralité de l'objet écartant tous les intérêts particuliers, il est nécessaire que toutes les volontés se réunissent vers le plus grand bien de tous, par cette raison que l'amour de nous-mêmes, le desir de notre bien-être, est inséparable de notre existence.

Mais que signifie cet axiôme ainsi conçu?

Que si vous interrogez chaque individu des vingt-quatre millions d'hommes dont la France est composée, que vous lui demandiez :

Si le citoyen, dans tout état, doit jouir de la plus grande liberté possible sans nuire à autrui?

Si la justice doit être administrée avec impartialité?

Si l'étendue des contributions aux dépenses communes de la société doit être proportionnée au besoin? Si ces contributions doivent être réparties avec égalité?

---

(1) Contrat social, liv. II, chap. 6.

Tous répondront qu'il en doit être ainsi.

De là ces loix puisées dans la nature, que le souverain le plus absolu est dans l'heureuse impuissance de changer sous peine de se trouver seul contre tous.

De là aussi ces loix fondamentales, constitutives de l'autorité confiée au souverain, non pour lui-même, mais pour le bien général, qui, malgré les trois dynasties de nos rois appelées au trône par la nation (car elle seule a le droit de disposer de la succession à la couronne), ne résultent parmi nous d'aucune convention, non pas même si vous remontez aux Germains nos ancêtres (1), mais de la possession, cette sauve-garde de la tranquillité publique, que nos écrivains modernes invoquent pour des prétentions sans cesse renaissantes, toujours repoussées par la raison et par l'autorité.

Ce n'est donc pas de ces deux ordres de loix qu'il s'agit, mais des loix positives, nécessaires pour réprimer des abus qui s'opposent au bien général. Or c'est ici que les intérêts particuliers revivent pour diviser la nation, parcequ'il n'est aucun de ces abus qui ne profite à des hommes puissants, et qu'ils pesent tous sur le peuple, trop nombreux, trop inattentif, trop facile à égarer pour prendre le parti le plus convenable à ses intérêts. C'est le besoin de ces loix qui exige dans tout gouvernement un centre d'autorité assez fort pour contenir et réprimer les intérêts privés. Plus il sera simple, plus le bonheur public sera assuré.

---

(1) Reges ex nobilitate, duces ex virtute sumunt. TACIT. *De Moribus Germanorum.*

Je m'en rapporte à vous-même, monsieur Rousseau.

« On veut toujours son bien, mais on ne le voit pas « toujours : jamais on ne corrompt le peuple, mais sou- « vent on le trompe, et c'est alors qu'il paroît vouloir « son mal! (1)..... Voilà ce qui força de tout temps les « peres des nations de recourir à l'intervention du ciel « et d'honorer les dieux de leur propre sagesse, afin « que les peuples, soumis aux loix de l'état comme à « celles de la nature, et reconnoissant le même pouvoir « dans la formation de l'homme et dans celle de la « cité, obéissent avec liberté et portassent docilement « le joug de la félicité publique (2). »

Je m'en rapporte au plus ardent défenseur du systême qu'on essaie de faire revivre, M. l'abbé de Mabli :

« Pour rendre sa nation libre sans que sa liberté pût dé- « générer en anarchie, pour établir un ordre fixe dans « les dietes et faire agir le sénat avec dignité, (Gustave « Vasa) crut devoir se rendre plus puissant que ne « l'avoient été les anciens rois; *car si la premiere ma-* « *gistrature de l'état n'est pas solidement affermie,* « *n'attendez rien de celles qui lui seront subordon-* « *nées* (3). »

En quoi, nous dit-on, un pareil gouvernement dif- fere-t-il du despotisme de constitution? Quelle digue arrêtera les coopérateurs que le monarque est forcé

(1) Contrat social, liv. II, ch. 3.

(2) Ibid. ch. 8.

(3) Observations sur l'histoire de France, tome II, livre II, chap. premier, page 28.

d'employer, si des passions tumultueuses, une ambition démesurée, la soif de l'or, ou le brillant appât d'une fausse gloire, les déterminent à fasciner les yeux du monarque jusqu'à l'engager à attenter, contre son propre intérêt, à la liberté ou à la propriété de ses sujets?

C'est ainsi que, pour secouer le flambeau de la discorde, on essaie d'alarmer les esprits, sous le regne du monarque le plus ami de la justice, par le tableau de tous les abus d'autorité depuis le regne de la reine Brunehaut jusqu'à nos jours; qu'on ose ériger en défenseur de la liberté ce factieux prévôt des marchands, Marcel, qu'un généreux citoyen assomma lorsqu'il ouvroit les portes de Paris aux Anglois; qu'on regrette de ne retrouver dans nos fastes que les seules ordonnances du roi Jean et de Charles le Sage son fils, qui appaiserent les troubles qui s'étoient élevés pendant les deux tenues d'états de 1355 et de 1356.

Ecoutons ce que le continuateur de l'abbé Vély nous raconte de ces états de 1356, d'après les historiens contemporains.

« Il s'en falloit beaucoup que les députés apportassent « à cette assemblée, les dispositions convenables à la « situation présente. La France avoit besoin d'un prompt « secours; on parla d'abus et de réformation. Il falloit « rétablir les finances; on se plaignit de ceux qui les « avoient précédemment administrées. Il étoit nécessaire « de réunir les ordres du royaume, afin d'opposer de « puissants efforts à un ennemi redoutable; et tous les « corps, divisés entre eux, ne se montrerent d'abord « que pour faire éclater des murmures, suites ordinaires

« des malheurs de l'état, *qui semblent répandre sur*
« *ceux qui le composent un esprit de vertige qui les*
« *aveugle et leur fait méconnoître leurs véritables*
« *intérêts* (1). »

La proscription, la saisie des biens du chancelier Pierre de la Forêt, du premier président du parlement, Simon de Bussy, de deux présidents aux enquêtes, de deux maîtres des requêtes, et d'un grand nombre d'officiers du roi, qualifiés alors de traîtres à la patrie parce-qu'ils s'opposoient à des projets criminels, mais rétablis avec gloire quand Charles V eut repris les rênes de l'empire, furent les suites de cette fermentation.

Dans ces temps malheureux, les états sont dissous, et rappelés forcément par le dauphin. Leur premiere délibération a pour objet de s'autoriser eux-mêmes à se dissoudre et à s'assembler à volonté. Ils nomment trente-six commissaires à qui ils confient l'administration des finances. Le désordre prend des accroissements rapides.
« Afin qu'il ne manquât rien à l'avilissement du pouvoir
« souverain, dit le continuateur de l'abbé Vély, le dau-
« phin fut contraint de suspendre et en quelque sorte
« de dissoudre les deux cours supérieures du parlement
« et de la chambre des comptes..... Les députés des
« états firent eux-mêmes l'ordonnance du parlement,
« c'est-à-dire qu'ils nommerent ceux qui devoient le
« composer, n'y admettant que des gens qui leur étoient
« dévoués. »

Deux ans après, en 1358 (2), le prévôt des marchands,

(1) Regne du roi Jean.

(2) Abrégé chronologique du président Hénault.

Marcel, porte l'audace jusqu'à pénétrer à main armée, à la tête des factieux, dans la chambre du dauphin, et massacrer sous ses yeux les maréchaux de Clermont et de Conflans.

Le systême de la seule volonté, nous dit-on encore, ne conduit-il pas au despotisme?

Sans doute; mais qui vous parle d'ériger toutes les volontés du monarque en loix?

Ce fut la prétention de ces empereurs, devenus despotes par le combat de l'autorité absolue d'un seul avec la forme républicaine conservée par Auguste pour pallier son usurpation.

« Le peuple romain, dit Justinien (1), ayant, par la « loi royale, remis toute sa puissance entre les mains « d'Auguste, tout ce que l'empereur ordonne, soit qu'il « énonce sa volonté par une lettre, par un jugement ou « par un édit, a l'autorité de la loi. »

Tel est le caractere du despotisme de constitution, exposé à toutes les surprises de l'intérêt personnel.

En est-il ainsi parmi nous?

« Vous n'avez pas juré (disoit au parlement de Bordeaux ce même chancelier de l'Hôpital que, sur la foi de je ne sais quel historien, on accuse d'avoir rétracté, au lit de la mort, les principes qu'il avoit posés dans

(1) Quodcumque principi placuit legis habet vigorem, cùm, lege regiâ quæ de ejus imperio lata est, populus ei et in eum omne imperium suum concedat. Quodcumque ergo imperator constituit, vel cognoscens decrevit, vel edicto præcepit, legem esse constat. §. 6, *Inst. de jure nat. gent. et civ.*

l'ordonnance de 1566, rendue sur le vœu des états-généraux du royaume, assemblés à Moulins), « vous « n'avez pas juré garder tous les commandements du « roi, mais seulement les ordonnances qui sont ses « vrais commandements. »

Toute volonté du monarque n'est donc pas une loi, mais celles-là seules que, depuis l'introduction de l'utile formalité de l'enregistrement et des remontrances, il a manifestées à ses cours dans les formes légales; et la loi, ainsi formée, a sa pleine exécution, jusqu'à ce qu'elle ait été été révoquée dans la même forme qu'elle a été établie.

Ce sont ces sages précautions contre l'erreur et la surprise que la nation assemblée dans les états-généraux a souvent réclamées sous le nom d'*enregistrements libres*.

Qui mettra fin à ces discussions? Ce principe fondamental : *Le salut de l'état est la suprême loi.*

Le souverain, dans la monarchie, fait taire tous les intérêts particuliers pour les concentrer dans le seul intérêt public, parcequ'il n'a lui-même aucun autre intérêt réel que le bonheur des peuples soumis à son empire; mais il est exposé au préjugé, à l'erreur, à la surprise. De là l'obligation qu'il impose aux magistrats qu'il honore du titre de ses conseils, de lui exposer les inconvénients qu'ils prévoient dans la loi positive qu'il leur ordonne de promulguer, de les lui rappeler sans cesse, même après la publication, toutes les fois que l'expérience les leur fait découvrir : mais celui-là seul est le souverain qui a le droit de décider et d'être obéi.

A quel titre les cours de justice pourroient-elles prétendre une telle autorité?

Les magistrats qui les composent réunissent, dit-on, deux caracteres, celui d'officiers du roi pour rendre la justice à son peuple, et celui de représentants de la nation, participant, à ce titre, à la puissance législative qui appartient essentiellement à la nation.

Ainsi l'ont décidé les instructions des députés aux états-généraux assemblés à Blois en 1577, qui portent que *les cours de parlement, combien qu'elles ne soient qu'une forme d'états raccourcis au petit pied, ont pouvoir de suspendre, modifier et refuser les édits.*

Tel fut, en des temps de trouble, au sein des fureurs de la Ligue, le vœu du parti dominant alors, de ce parti inspiré par l'intolérance religieuse, qui faisoit effort pour exclure du trône de ses ancêtres le grand Henri.

Ce vœu fut-il exaucé par le législateur? N'a-t-il pas été désavoué par tous les titres antérieurs et postérieurs?

L'ordonnance de 1566, l'ouvrage du chancelier de l'Hôpital, rendue sur le vœu des états, assemblés cette année à Moulins, non moins réguliers, non moins authentiques, mais plus calmes que ceux de Blois de 1577, réduit les cours au seul droit de remontrances, de très humbles supplications.

Qu'est-ce qu'une loi, à plus forte raison une loi fondamentale? Je n'emploierai que la définition même que me fournissent les défenseurs du système que je combats : *C'est*, disent-ils, *le résultat du vœu du peuple et de l'autorité royale* (1).

(1) *Lex fit consensu populi et auctoritate regiâ* : phrase extraite

Or feuilletez l'ordonnance de Blois de 1579, intervenue sur le vœu de ces états de 1577; parcourez tous ses articles, qui sont la base de notre jurisprudence dans les plus importantes matieres du droit public : si vous n'y pouvez découvrir un seul article, une seule phrase, un seul mot, qui favorise votre étrange systême, il est donc évident que les instructions données sur ce point aux députés assemblés à Blois en 1577 ne sont point une loi, mais une vaine tentative, effet de l'agitation des esprits, du trouble, de la confusion, qui régnoient alors, pour dénaturer les principes fondamentaux de notre gouvernement.

Quoi! la nation auroit des représentants qu'elle n'auroit pas choisis! Le monarque, en conférant les offices, éleveroit, dans le sein de la monarchie, une double puissance! Il rétracteroit par un arrêt ce qu'il ordonneroit par une loi! Depuis l'introduction de cette fatale vénalité, source empoisonnée de tous les désordres, le souverain et la nation se seroient assujettis à avoir pour représentants inamovibles les acquéreurs d'une finance, distincte, il est vrai, du titre de l'office et de la puissance publique qui y est attachée, mais que l'intérêt personnel n'est que trop disposé à identifier avec les fonctions et les prérogatives d'offices acquis à prix d'argent, ainsi que nos aïeux identifierent la propriété des fiefs avec les fonctions publiques dont ils étoient la récompense!

---

d'un capitulaire fort long qui a un tout autre objet que d'établir une loi fondamentale. Voyez les *Vrais Principes du Gouvernement françois*, tome II, page 53, où ce capitulaire est transcrit.

Non, ces chimériques prétentions, cette ligue ambitieuse, n'entreront jamais dans le cœur des magistrats françois.

DES ASSEMBLÉES NATIONALES OU ÉTATS-GÉNÉRAUX.

Les progrès du despotisme de fait rencontrent une barriere plus insurmontable dans ces assemblées nationales que notre auguste monarque rappelle en ce moment après une interruption de cent soixante-quinze ans.

Pour traiter cette matiere avec la précision qu'elle exige, et dissiper les prestiges par lesquels on essaie d'en imposer à la multitude, je considérerai ces assemblées sous quatre points de vue :

1o. Dans leur forme, leur composition, le nombre des députés de chaque ordre de la nation qui y doivent être appelés, trois objets qui tendent à assurer la certitude du vœu universel;

2o. Relativement à la nécessité de fixer l'étendue, la durée, la répartition des contributions aux dépenses de la société;

3o. Dans l'éveil qu'elles donnent au monarque sur les surprises faites à sa sagesse et l'abus que les dépositaires de son autorité ont pu faire des pouvoirs qu'il leur a confiés;

4o. Enfin, quant à cette prétendue puissance législative qu'on s'efforce de leur attribuer.

Premiere Partie.

La monarchie étant l'image du gouvernement paternel, les assemblées nationales sont, s'il est permis de parler ainsi, comme indigenes à cette constitution. Est-il en effet rien de plus naturel que le chef, le patriarche d'une famille nombreuse se plaise à rassembler autour de lui ses enfants pour les consulter sur leurs communs intérêts, qui sont les siens, pour s'instruire des abus que les chefs des différentes branches peuvent commettre, abus qui pesent tous sur le foible opprimé par l'homme puissant?

« Quel est, dit le vieillard Egyptus dans le second « chant de l'Odyssée, l'homme juste qui nous assemble? « Cet homme est digne que nous venions à son aide. »

La voix sonore des hérauts suffisoit pour réunir et maintenir l'ordre dans une assemblée aussi peu nombreuse que celle du peuple d'Ithaque.

Telles furent, au rapport de Tacite, chez les Francs nos ancêtres, ces assemblées des diverses peuplades de la nation germaine; tels, sous la premiere dynastie de nos rois, les champs de Mars et de mai, et même, sous le vaste empire de Charlemagne, ces conciles, ces placités, ces parlements, d'où sortirent les capitulaires, source la plus pure de notre droit public; car la multitude des serfs rendoit alors faciles les députations des deux seuls ordres qui composoient la nation.

La forme des délibérations étoit aussi simple, au moins dans les premiers temps, que leurs objets. Le monarque proposoit : le silence ou le murmure maniestoient l'improbation de l'assemblée; le cliquetis des armes, son applaudissement (1).

Il n'en fut pas ainsi chez des peuples plus policés, plus légers, plus corrompus. Athenes assembloit tous ses citoyens dans la place publique : mais, malgré l'orgueil qu'inspiroit à ce peuple sa prétendue liberté politique, malgré la sagesse des loix de Solon, combien de fois fut-il égaré par ses orateurs! de combien de généreux citoyens le priva son despotique ostracisme!

Rome, dès sa naissance, employa l'art pour maintenir l'équilibre tant de fois rompu entre le sénat et le peuple. La forme de ses assemblées par tribus, par curies, par centuries, donnoit alternativement la prépondérance aux patriciens et aux plébéiens.

Sous la troisieme dynastie de nos rois, les successeurs de Hugues Capet ayant affoibli le gouvernement féodal par l'affranchissement des serfs et l'établissement des communes, Philippe le Bel assemble, dans la cour de son palais à Paris, des évêques, des nobles, et *les députés des bonnes villes*. Il expose la nécessité pressante de la guerre de Flandre. *En ce lieu*, dit Pasquier, *on lui offrit corps et biens*.

Les autres tenues d'états-généraux ne furent pas si paisibles. Pourquoi? Parcequ'elles furent convoquées en des temps de trouble, qui rendent plus active l'impulsion des intérêts privés. Une seule a concilié à Charles VIII l'amour de la nation, celle de 1483.

(1) Si displicuit sententia, fremitu aspernatur; sin placuerit, framea concutitur. TACIT. *De Moribus Germanorum*.

On dispute aujourd'hui sur la forme de la convoc tion, sur la composition, sur le nombre des députés chaque ordre qu'il est raisonnable d'appeler à l'assen blée que notre auguste monarque a promise à la nation sur la maniere de délibérer ou par ordres ou par têtes.

La forme de convocation par bailliages et sénéchau sées est préférable, dit-on, parcequ'elle est légale, c'es à-dire ancienne, et que les députés sont nommés c présence d'officiers *indépendants par leur état.* — I de qui, s'il vous plaît? Des cours qui les mandent, qu les admonestent, qui les décretent au nom et en vert de l'autorité qu'elles ont reçue du roi? Du monarque Comme s'il existoit dans aucun gouvernement une au torité indépendante du souverain!

Un seul mot sembleroit devoir terminer ces querelles *Que le salut de l'état soit la suprême loi, Que l'assem blée nationale soit pleinement libre :* et, pour y par venir, que la nation entiere soit entendue par les repré sentants qu'elle se sera choisis, que nulle portion n'ai de prépondérance sur les autres; car du seul choc d tous les intérêts respectifs avec des moyens égaux peu résulter la résolution la plus conforme à l'intérê commun.

SECONDE PARTIE.

S'IL est un moment dans lequel une grande sociét puisse subsister sans objets de dépenses communes pou repousser les ennemis du dehors, pour maintenir la police intérieure, pour soutenir la dignité de son chef qui est la sienne, pour récompenser d'importants services, ou soulager les indigents, car les membres d'une grande société sont un peuple de freres; s'il est, disons-nous, une société où ces charges publiques ne soient pas perpétuelles, les impôts, c'est-à-dire les contributions aux dépenses communes, ne pourroient l'être sans donner atteinte aux propriétés; car le besoin est la seule regle, le seul titre qui légitime les impôts.

Mais si une telle société n'existe nulle part, et que vous ayez à vous décider entre des contributions ordinaires, sagement réparties, sagement économisées, qui vous mettent à portée de subvenir aux dépenses imprévues sans nouvelle charge pour l'état, ou des contributions momentanées qui se renouvelleroient sans cesse; pour juger du mérite de ces deux systêmes, je vous proposerai de jeter les yeux sur deux familles administrées par des principes si différents : vous verrez l'une, avec des moyens plus foibles, s'accroître par la seule puissance de l'ordre; obligée quelquefois de subvenir, par des emprunts momentanés, à des besoins momentanés, mais s'empressant d'éteindre, à l'aide du travail et de l'économie, la charge pesante de ces emprunts; tandis que l'autre, d'abord plus opulente, mais épuisée par de perpétuelles secousses, tombera enfin dans l'anéantissement.

Ce tableau me paroît devoir décider la question tant de fois agitée, s'il est utile, s'il est nécessaire qu'il existe dans un grand état des impôts perpétuels, ou si tous les subsides doivent être déterminés *pour la somme, pour le temps et pour leur durée*; à moins que vous souteniez, avec le fougueux auteur de l'un des écrits que je discute, que la nation assemblée doit se garder de combler le *déficit* actuel, parceque ce *déficit*, par la fermentation qu'il maintient dans les esprits, *est*, dit-on, *le trésor de la liberté*.

Ce que le monarque exigeroit en vertu de cette autorité qui le constitue le représentant de la chose publique dans toutes les parties de l'administration, pourquoi ne l'obtiendroit-il pas de l'affection de ses sujets, ou, pour parler plus juste, de l'obligation qui leur est imposée par la nature, de contribuer aux dépenses communes de la société? à la charge toutefois que ce principe fondamental, *Le salut de l'état est la suprême loi*, rappelle le monarque à l'exercice de cette autorité destinée à maintenir l'équilibre dans toutes les parties de l'administration politique, lorsqu'une fermentation passagere transforme les assemblées nationales en factions subdivisées à l'infini, que les intérêts privés, qui, suivant l'observation du cardinal de Retz, dominent toujours dans les grandes agitations des empires, quoique chacun les voile du prétexte du bien public, produisent un engorgement funeste; danger trop manifeste dans le cas où deux ordres, affranchis, par des titres anciens, d'une portion considérable des charges publiques, maintenus long-temps, par ceux même qui étoient chargés de réprimer ces abus, dans la possession d'alléger celles de ces charges qui leur sont communes avec les autres citoyens, auroient une prépondérance marquée dans les assemblées nationales (1).

---

(1) Je supplie qu'on veuille bien se rappeler que cette lettre fut

Vaines terreurs, nous dit-on; l'ordonnance de 1355, rendue sur le vœu des états-généraux de cette année, porte en termes exprès que le vœu de deux ordres ne lie pas le troisieme.

Que résulteroit-il de cette loi, si les états-généraux avoient le pouvoir législatif? L'égalité des forces contraires, et par conséquent l'anarchie.

L'article CXXXV de l'ordonnance d'Orléans, de 1560, est conçu en ces termes :

« En toutes assemblées d'états-généraux et particuliers « des provinces, où se fera octroi de deniers, *les trois* « *états s'accorderont* de la quote-part que chacun des- « dits états portera, et ne le pourront le clergé et la « noblesse seuls, comme faisant la plus grande partie. »

Mais, s'ils ne s'accordent pas, que s'ensuivra-t-il? Que les contributions ne seront ni réparties ni payées; que la dette nationale et les charges publiques ne pourront être acquittées.

On connoît mieux les facultés et les besoins de sa ville, de sa famille, que celles des autres sociétés; le propriétaire veille plus sûrement sur les produits du domaine qu'il habite, que sur ceux dont il se tient éloigné.

Pourquoi le monarque ne confieroit-il pas à la nation subdivisée la répartition proportionnelle de l'impôt et le soin de veiller sur les administrateurs particuliers et

---

écrite au commencement de 1789; c'étoit le danger qu'on sembloit redouter alors, malgré les renonciations les plus formelles. Le contraire est arrivé, et n'a pas causé moins de trouble.

d'employer les revenus locaux à des dépenses locales? Les frais seroient moindres, la vigilance plus assurée.

Le vœu de la nation a été, dans tous les temps, que le produit des immenses domaines de la couronne fût employé à fournir aux dépenses qu'exige la splendeur du trône : mais les abus se sont multipliés à un tel point, que des engagements révocables à perpétuité, suivant l'ordonnance du mois de janvier 1566, mais jamais révoqués, se sont transformés en propriétés acquises au prix le plus modique.

C'est à la nation qu'il convient d'exprimer son vœu pour la réformation de ces abus, et d'aviser aux moyens de rendre le produit des domaines de la couronne suffisant pour supporter la charge qui lui est imposée.

Que l'exemple de nos voisins nous éclaire sur les dangers de cette *liste royale*, qui dénature le véritable intérêt du monarque en présentant un appât dangereux à une séduction qui n'est susceptible d'aucunes bornes et dont la charge retombe infailliblement sur le peuple.

Laissons les récompenses et les peines entre les mains du souverain, si nous ne voulons rendre inutile ce régulateur destiné à maintenir l'harmonie dans toutes les parties du gouvernement.

Généreuse noblesse, qui prodiguez votre sang pour la patrie, qu'un exemple unique dans une durée de treize siecles, où ces loix, supérieures à tous les établissements humains, vous faisoient un devoir de la désobeissance, ne vous distraie pas de cette inviolable fidélité, de cette soumission affranchie de tout esprit de systême, si nécessaire dans ceux qui portent le glaive !

TROISIEME PARTIE.

Comme nous sommes, dit Pasquier, *dans un état où, par la facilité de nos rois, les choses viennent aisément à l'essor*, le plus grand avantage que l'ordre public puisse retirer des assemblées nationales est l'éveil qu'elles donnent au monarque sur des abus invétérés qu'une possession vicieuse semble légitimer. Quand les doléances privées manquent de force pour parvenir au pied du trône, lorsque les remontrances des cours, quoique destituées de tout esprit de parti, de tout intérêt personnel, demeurent sans effet, la voix de la nation entiere, les cris des victimes de ces désordres ne seront-ils pas entendus?

Que la nation dénonce au monarque l'abus qu'on a fait de sa confiance, les malversations commises sous son nom; qu'elle en sollicite auprès du monarque l'éclatante punition : mais à Dieu ne plaise qu'un prêt fait à l'état fascine les yeux des magistrats jusqu'à leur ériger, contre l'ordre du monarque dont ils tiennent leurs pouvoirs, un tribunal auquel ils appelleroient la nation elle-même pour y discuter les ordres émanés du trône, dont les dépositaires de l'autorité auroient été les exécuteurs !

Vous essayez de soustraire à la police cet art si utile, mais en même temps si dangereux, qui fixe la parole et lui donne des ailes, vous bornant à soumettre les auteurs aux poursuites judiciaires, s'ils ne parviennent pas à vous échapper; ce qui arrivera souvent.

Supposons qu'à chaque libelle scandaleux auquel une telle liberté aura donné naissance, la patrie, la religion, les mœurs, doivent trouver une main habile qui applique à l'instant un topique salutaire sur un venin devenu si actif depuis la découverte de l'impression; est-ce par des arrêts que vous guérirez l'incurable blessure que l'arme de la calomnie ou du ridicule aura faite à des citoyens vertueux?

Admettons toutes les suppositions : ainsi, de toutes parts, le pouvoir de juger, *si terrible parmi les hommes*, suivant l'expression de M. de Montesquieu (1), se trouveroit réuni à la puissance législative. Ce ne seroit plus la magistrature, mais les magistrats, qu'on craindroit. Qui oseroit hasarder une seule phrase contraire aux prétentions d'une puissance si formidable?

Considérez à quoi vous réduiriez, dans ce systême, l'autorité du monarque, contrepoids nécessaire des pouvoirs intermédiaires, *subordonnés et dépendants*, qui sont de l'essence du gouvernement monarchique.

La puissance législative lui seroit contestée par ses officiers, par ses mandataires, qui s'efforceroient de la partager, non en remontrant respectueusement avant de publiér les loix, mais en s'attribuant le droit de leur donner *une sanction* (2) nécessaire, en sorte que le

---

(1) Esprit des Loix, liv. XI, chap. 6.

(2) On abuse étrangement de ce mot dans quelques écrits modernes, en l'appliquant aux enregistrements de nos cours, forme

monarque ne pourroit exercer cette portion essentielle de son autorité sans l'attache des magistrats, et qu'ils pourroient, sans lui, faire des réglements provisoires, qui auroient leur exécution jusqu'à ce qu'il intervînt une loi contraire dûment enregistrée.

La puissance de juger, vous ne permettez pas que le monarque l'exerce par lui-même.

La puissance exécutrice que vous semblez lui laisser, vous la limitez à un tel point, que les exécuteurs de ses ordres seroient, malgré lui, responsables de leur soumission devant des tribunaux qui tiennent de lui leur existence.

Quels avantages cette autorité, la sauve-garde du bien public, retireroit-elle des éternelles protestations de respect et de soumission envers la personne du monarque, et la puissance royale, sans cesse attaquée dans ses ministres nécessaires, comme nous voyons dans nos tribunaux les défenseurs des parties déclamer contre les gens d'affaires des seigneurs qu'ils semblent respecter (1)?

---

extrinseque qui consiste dans le dépôt de la loi dans les archives publiques et dans sa promulgation : *la sanction*, au contraire, est intrinseque; c'est la peine dont le législateur menace les infracteurs de sa loi. *Legum eas partes quibus pœnas constituimus adversùs eos qui contra leges fecerint*, sanctiones *vocamus*. Inst. §. 10, de rer. div.

(1) Ces prétentions ne subsistent plus. — Qu'y avez-vous substitué? — Une démocratie royale. — Ces mots renferment une contradiction dans les termes. Quels abus a réformés ce brillant système qui n'aient été remplacés par des abus plus dangereux? Les arrêts du propre mouvement, trop souvent érigés en loix, n'existent

QUATRIEME PARTIE.

LE vœu de la nation ajoute à l'autorité des loix : il leur imprime une telle stabilité, que le monarque qui entreprendroit de les révoquer sans le concours des assemblées nationales risqueroit de se voir repoussé par l'opinion publique, cette reine du monde.

Mais la puissance législative peut-elle résider par elle-même dans l'assemblée des représentants d'un peuple immense?

Je me bornerai à une seule observation.

Les députés dont l'assemblée nationale est composée sont les mandataires des différénts ordres de l'état. S'ils ne se conforment pas à leurs instructions, ils usurpent sur la nation un pouvoir tyrannique.

Ces instructions doivent présenter de respectueuses

---

plus : les proclamations, les arrêtés émanés, non du monarque, mais des départements, des municipalités, je dirois presque des districts et des clubs, les remplacent. Les prisons d'état sont démolies, les lettres de cachet anéanties : l'inquisition plus terrible des comités des recherches leur est substituée; le nombre des victimes de la tyrannie populaire, depuis deux années de l'ere de notre liberté, surpasse celui des victimes du despotisme pendant des siecles. Le secret des lettres est décrété, et violé impunément par vos comités des recherches, par vos départements, par vos municipalités, par vos *clubs* constitutionnels. La licence populaire a tari la source des contributions ; elle s'est affranchie, à main armée, des redevances les plus légitimes. Il ne voit pas, ce peuple aveugle, qu'en ruinant les propriétaires qui l'alimentent, il se greve lui-même du plus dur des impôts. Les fortunes rapides des doléances, l'exposé des abus dont les mandants ressentent les funestes effets, des projets de réforme, en rappelant les anciennes loix, en en proposant de nouvelles.

Mais qui réunira ces projets? Qui les comparera avec la situation des provinces, avec des privileges respectables par leur antiquité, par les titres qui les ont affermis? Qui les tempérera par de justes indemnités pour se fixer à une résolution conforme au plus grand avantage de tous?

Si les députés entreprennent ce travail, ils excedent leurs pouvoirs. S'ils sont obligés de recourir à chaque pas à leurs commettants, vous prolongez à l'infini la durée des assemblées nationales, non sans les plus grands inconvénients pour la chose publique.

Supposerez-vous que les instructions auront donné ce pouvoir aux députés? Alors, comme l'observe M. de

---

financiers n'auront plus lieu; les prodigalités de la cour sont réfrénées. Par qui? Par les dépositaires d'une autorité sans bornes, d'autant plus ambitieux, d'autant plus avides, qu'ils auront plus d'intérêts privés à satisfaire.

Je ne finirois pas si je me livrois à tous les détails. — D'accord; mais ces abus, nécessités par les circonstances, ne sont que passagers. — Quand cesseront-ils? — Quand le nouvel ordre de choses sera solidement affermi, lorsque les intrigants n'auront plus de pouvoir. — Quoi! pas même sur la multitude, si facile à entraîner! N'est-ce pas dire qu'ils subsisteront jusqu'à ce que les hommes soient autres que la nature ne les a faits? Il vous restoit à introduire dans le même gouvernement deux armées : l'une protectrice, mais subordonnée à une puissance qui n'est pas celle du monarque; l'autre purement populaire, trop souvent oppressive.

Montesquieu (1), ce n'est plus que fictivement que *la parole des députés est celle de la nation;* chaque citoyen est seulement censé vouloir ce que veulent ses représentants. Ce n'étoit pas la peine d'employer tant de ressorts pour me procurer une telle liberté, qui transformeroit la monarchie en une aristocratie, ou plutôt en une oligarchie d'autant plus dangereuse, que, dans ce gouvernement, tous les intérêts particuliers peseroient infailliblement sur ce peuple qui vivifie l'état par son travail et son industrie.

Ce n'est pas tout : il faut, dans tous les cas, que, sur ce vœu de la nation, il intervienne une loi, car les cahiers des états n'ont pas cette forme; loi soumise à l'enregistrement des cours, et alors remontrances, protestations, si les opinions des tribunaux ne se trouvoient pas conformes au vœu des représentants de la nation; à moins que le monarque ne fît cesser ces débats par son autorité, ce qui, selon vous, seroit un despotisme.

C'est ainsi, comme l'observe Bossuet (2), que, *courant à la liberté, ils alloient à la servitude;* car ces exemples sont fréquents dans tout gouvernement aristocratique.

Lorsque le souverain législateur a voulu que l'autorité de son église l'emportât sur celle de ses ministres, quels qu'ils fussent, il a promis à leur réunion l'infaillibilité pour la conservation de vérités inaccessibles à la raison humaine. Aussi, sur tout autre objet que la tradition apostolique, quels combats, quel jeu des passions hu-

(1) Esprit des Loix, liv. XI, chap. 6.

(2) Oraison funebre de la reine d'Angleterre.

maines n'ont pas excité ces mêmes conciles généraux, dont l'autorité est divine en matiere de foi!

Voilà l'exemple qu'on ose nous proposer.

Comparez maintenant nos loix et nos usages.

Le monarque, le pere de famille, rassemble autour de lui ses enfants pour écouter leurs plaintes, leurs doléances, par l'organe de ceux qui les représentent; ces députés ne se permettent d'excéder en rien les pouvoirs qui leur ont été donnés par la nation entiere. C'est ainsi que le monarque est éclairé sur les désordres introduits par le temps qui corrompt tout, sur l'abus que l'on a pu faire de son autorité, sur les remedes les plus efficaces pour guérir ces plaies et revivifier son peuple : il examine ces projets avec impartialité, les compare, les combine; en cet état, la loi, rédigée dans son conseil, est envoyée aux cours pour réunir tous les faisceaux de lumiere, non pour éprouver une résistance qu'il ne puisse vaincre.

Ainsi se sont formées ces ordonnances rendues sur le vœu des états-généraux, qui avoient acquis jusqu'ici, par l'applaudissement de la nation, l'autorité de loix fondamentales, jusqu'à ce que l'expérience, la révolution des siecles, les abus nés de l'ordre même, déterminassent la nation à en solliciter la réformation dans quelques articles.

Aussi tous les procès-verbaux de nos états-généraux ne parlent-ils que de plaintes, de doléances, de très humbles supplications (1) : ce sont les expressions de

(1) Vrais Principes du Gouvernement françois, tome II, §. 10, page 258 et suiv.

l'université de Paris, chargée de présenter à Charles VI les cahiers des états de 1493 ; ce sont celles des députés aux états de 1614 : toutes les autres tenues d'états sont conformes.

Mais que sert de citer à des écrivains qui se permettent de soustraire des textes les plus clairs ce qui résiste à leurs systêmes? S'ils nous opposent cette proposition du philosophe de Geneve, que *la volonté générale est toujours droite*, ils oublient cette modification répétée si souvent dans le Contrat social, *lorsque la volonté générale statue sur un objet général*, parcequ'il en résulte, d'après un auteur si favorable au systéme républicain, l'impossibilité que le peuple se donne des loix positives à lui-même. S'ils disent, avec M. de Montesquieu, que les pouvoirs intermédiaires constituent la distinction du despotisme et de la monarchie, ils omettent ces mots essentiels, *subordonnés et dépendants*. S'ils rappellent les capitulaires de nos rois de la seconde race pour nous montrer, dans les assemblées nationales rétablies par Charlemagne, le clergé et les nobles délibérant sur les intérêts de l'état, ils ne suivent point Hincmar (1), archevêque de Reims, l'ami, le ministre, le confident de Charlemagne, lorsqu'il nous représente ce monarque examinant dans son palais les cahiers qui ont été mis sous ses yeux, interrogeant les députés de la nation, se faisant rendre compte des motifs des délibérations, exigeant qu'ils soient rapportés dans son conseil, ordon-

(1) Lettre d'Hincmar, *de ordine palatii*, n. 34, dans le recueil des historiens des Gaules, tome 9, page 269.

nant enfin ce que sa sagesse lui inspire, et tous obéissant à la loi qu'il a promulguée. *Donec res singulæ ad effectum productæ, gloriosi principis auditui, in sacris ejus obtutibus exponerentur, et quidquid data à Deo sapientia ejus eligeret omnes sequerentur.* Ce qui se pratiquoit indistinctement pour tous les capitulaires: *Ecce sicut de uno, ita de duobus, vel quotquot essent capitula, agebatur, quousque omnia, Deo miserante, illius temporis necessaria expolirentur.*

O mes concitoyens! fermez l'oreille à ces clameurs par lesquelles d'audacieux écrivains essaient de vous inspirer des agitations semblables à celles d'un malade, toujours disposé à changer de place sans savoir si celle qu'il choisira est préférable à celle qu'il quitte.

Je termine, monsieur, avec l'auteur de l'*Esprit des Loix:*

« Si je pouvois faire en sorte que tout le monde eût « de nouvelles raisons pour aimer son prince, sa patrie, « ses loix; qu'on pût mieux sentir son bonheur dans « chaque pays, dans chaque gouvernement, dans chaque « poste où l'on se trouve; je me croirois le plus heu- « reux des mortels (1). »

Je suis, etc.

---

(1) Préface de l'Esprit des Loix.

RÉFLEXIONS
D'UN PATRIOTE

SUR *le décret de l'Assemblée nationale qui supprime la vénalité des offices de judicature.*

AVERTISSEMENT.

CES réflexions sont relatives, comme le titre le porte, au décret du 14 août 1789, et à la réponse du roi sur ce décret, dont le style seul fait connoître l'auteur. Ce n'est pas ainsi que s'exprime notre auguste monarque, quand il ne suit que les impulsions de son cœur.

Mon intention n'étoit pas de les rendre publiques. Etant, en ma qualité de conseiller au grand-conseil et de grand rapporteur au sceau, de service à Versailles, je les remis manuscrites à M. l'archevêque de Bordeaux, alors garde des sceaux, qui m'écrivit peu de jours après, qu'il pensoit qu'il seroit utile de les donner au public par la voie de l'impression.

RÉFLEXIONS
D'UN PATRIOTE

SUR *le décret de l'Assemblée nationale qui supprime la vénalité des offices de judicature.*

L'ASSEMBLÉE nationale, en décrétant la destruction de la vénalité des offices de judicature, a rendu un service signalé à la nation.

Cette proposition n'eût pas eu besoin de preuves il y a quarante ans. Le testament politique attribué au cardinal de Richelieu étoit le seul écrit où l'on eût entrepris de justifier cet abus, contre lequel tous les philosophes, tous les jurisconsultes, tous les publicistes, s'étoient élevés.

Depuis ce temps un homme digne de toute la célébrité qu'il s'est acquise a soutenu, avec cette énergie qui caractérise l'*Esprit des Loix*, le même système que l'auteur du *Testament politique* n'avoit osé proposer que comme un doute; et ce que le parlement de Paris avoit désavoué jusqu'au regne de Henri IV (1), l'esprit de corps, fortifié d'une autorité si respectable, est parvenu à le rendre problématique.

(1) Quoique la vénalité des offices de magistrature fût publique

Cet esprit de corps, cette pente naturelle qu'ont les hommes pour se cacher à eux-mêmes le vice des titres constitutifs de ce qu'ils regardent comme leurs propriétés, n'ont-ils pas influé dans la décision du président de Montesquieu? C'est ce que je me propose d'examiner dans ce mémoire.

Je parcourrai les abus qui sont nés de la vénalité des offices de judicature.

J'essaierai enfin d'applanir les difficultés qui semblent s'opposer en ce moment à la destruction d'une fiscalité si préjudiciable.

« PLATON, nous dit le président de Montesquieu (1), « ne peut souffrir cette vénalité : *C'est*, dit-il, *comme* « *si, dans un navire, on faisoit quelqu'un pilote ou* « *matelot pour son argent*..... Mais Platon parle d'une « république fondée sur la vertu, et nous parlons d'une « monarchie. »

N'est-il donc pas de l'essence du gouvernement monarchique comme du républicain, que l'émulation soit excitée dans toutes les classes de la société par l'espoir de parvenir aux magistratures? Le défaut de fortune aura-t-il plus de force dans les monarchies pour repousser des dignités la modeste vertu, que la fatalité

---

depuis le regne de François Ier, comme la finance de ces offices n'étoit encore fixée par aucune loi jusques sous le regne de Henri IV, le parlement de Paris exigeoit de ses membres, à leur réception, le serment qu'ils n'avoient rien donné pour être pourvus de l'office auquel ils aspiroient.

(1) Esprit des loix, liv. V, chap. 19.

d'une naissance obscure? L'intérêt unique de tous les citoyens, dans tout gouvernement, n'est-il pas d'avoir pour juges les hommes les plus integres et les plus éclairés?

« Dans une monarchie, quand les charges ne se « vendroient pas, l'indigence et l'avidité des courtisans « les vendroient tout de même. »

Je le veux supposer. Mais la loi réclameroit sans cesse; ce malheur, quelque grand qu'il soit, produiroit donc des effets moins funestes que le commerce public, autorisé par la loi, d'un pouvoir que flétrit le seul soupçon d'un vil intérêt.

Aujourd'hui un monarque qui s'est dévoué au bonheur de son peuple assemble les représentants de la nation pour élever une barriere contre *l'avidité des courtisans*, suivant votre expression, M. de Montesquieu; la séduction que vous redoutez n'existera plus, si, la vénalité étant proscrite par la loi constitutive du gouvernement, le corps entier de chaque tribunal, ou les assemblées provinciales, concourent avec le monarque pour faire tomber le choix des magistrats sur les sujets les plus dignes. Tel est l'esprit et la lettre de nos anciennes ordonnances, qui exigeoient qu'à chaque vacance les officiers du tribunal présentassent trois sujets au roi, entre lesquels il choisissoit; car la séduction a moins d'accès sur un corps que sur un petit nombre de favoris.

« Cette vénalité est bonne dans les monarchies, « parcequ'elle fait faire, *comme un métier de famille*, « ce qu'on ne voudroit pas entreprendre pour la vertu. »

Se peut-il que les préjugés d'état aient aveuglé M. de Montesquieu jusqu'à lui faire souhaiter que *le terrible pouvoir de juger*, suivant son expression à lui-même, soit exercé comme un métier de famille?

C'est ainsi qu'un faux esprit de corps est substitué au zele pur, que cet esprit se propage et se perpétue, que la fortune, l'honneur, la vie des citoyens, sont livrés à l'effervescence d'une jeunesse qui, regardant la magistrature comme sa propriété, ne se croit dans son état que lorsqu'elle y est parvenue, et néglige toutes les études préparatoires.

« Suidas a dit très bien qu'Anastase avoit fait de « l'empire une espece d'aristocratie en vendant toutes « les magistratures. »

Cette observation peche dans le fait. Sous le regne d'Anastase, le fisc mit à prix, par des voies indirectes, la nomination aux offices, comme le fit parmi nous le chancelier Duprat sous le regne de François Ier : mais jamais les Romains, jamais aucune autre nation que la nôtre, n'autorisa par des loix publiques la vente des offices de judicature. Tant il est vrai, suivant l'énergique expression de Pasquier, que, dans ce royaume, *les abus viennent aisément à l'essor!*

Admettons la proposition hasardée par le président de Montesquieu. *Anastase*, dites-vous, *en vendant les magistratures, fit de l'empire une espece d'aristocratie;* c'est-à-dire qu'il changea le despotisme d'un seul dans le despotisme plus redoutable de plusieurs. Aussi, à partir du ministere du chancelier Duprat, les prétentions parlementaires prirent-elles des accroissements rapides.

Gardons-nous d'imputer aux magistrats cet effet nécessaire de l'introduction de la vénalité dans les cours de justice. Quoique la finance des offices ne soit qu'un prêt fait à l'état, que le roi, comme le représentant perpétuel de la nation, ait seul le droit de transmettre la puissance publique, il est de la nature de l'homme de confondre, pour son intérêt privé, le moyen avec la fin, de tendre sans cesse à accroître ce qu'il regarde comme sa propriété : c'est ainsi que la finance des offices s'est identifiée, dans l'esprit des magistrats, avec la puissance publique qu'ils exercent à la décharge du souverain, source empoisonnée d'où sont nés l'exagération des privileges, les progrès d'une autorité prétendue indépendante, les taxes arbitraires imposées sous le nom d'épices, de vacations, de sabatines, etc. etc. tous abus fortifiés par le temps, qui remontent à cette même époque du regne de François Ier.

Si l'on fixe ses regards sur ces émoluments des offices de judicature, tolérés d'abord, autorisés ensuite par des loix fiscales, pour indemniser les magistrats de la modicité de gages devenus illusoires par les variations que les especes ont éprouvées et l'augmentation des dépenses en proportion de celle du numéraire, on demeure convaincu que cette voie indirecte de récompenser les magistrats de leurs travaux est le plus redoutable des impôts. Il est de fait que les frais de justice forment, dans toute l'étendue du royaume, une surcharge sur le peuple de plus de cent millions, qui porte presque entiere sur l'indigent, forcé, pour défendre le patrimoine de ses peres, de s'épuiser à l'effet d'arracher à l'usurpateur quelques arpents dont il tiroit sa subsistance. Qu dirons-nous du débiteur que son imprudence ou de évènements imprévus ont entraîné dans un fâcheu labyrinthe, qui se voit enlever par les frais de justice toujours privilégiés, non seulement ce qui auroit dû lu rester après l'acquittement de ses dettes, mais le gag même de ses créanciers les plus légitimes? Ces exemple ne sont que trop fréquents. Les épices et les vacation ne forment, il est vrai, que la moindre partie de cett surcharge : il y faut ajouter le prix excessif du papier e du parchemin timbré, les droits du roi accrus de plus d'un tiers depuis 1774 par l'addition des 8 sous pou livre (car le génie fiscal s'est exercé, à la grande foule du pauvre peuple, sur les abus les plus formellement proscrits par les anciennes ordonnances), et ceux acquis à prix d'argent par les ministres inférieurs de la justice, et les salaires légitimes de ces officiers, et cette fourmilliere d'abus qui pullulent dans l'antre de la chicane, trop souvent tolérés par les magistrats, intéressés à fermer les yeux, dans la crainte d'altérer, par une scrupuleuse vigilance, le fonds productif de leurs émoluments.

Ici une réflexion se présente. On ne pourroit réformer ces abus qu'en assurant aux magistrats un traitement proportionné à l'importance de leurs fonctions, modique il est vrai, mais de beaucoup supérieur aux gages actuels : or cette charge exigeroit un impôt qui porteroit également et sur le plaideur injuste et sur l'homme pacifique qui fuit les procès.

Tel étoit l'ordre ancien; car des lettres-patentes de

Philippe de Valois, du 10 mars 1344, prouvent que les gages du parlement, tels qu'ils subsistent aujourd'hui, paroissoient alors dignes d'être convoités, puisque le roi ordonne aux officiers de sa chambre des comptes de ne souffrir être payés de leurs gages autres que ceux compris dans le rôle du parlement; et cet ordre n'a rien d'injuste. C'est ainsi que tous contribuent aux dépenses de la guerre, quoique les frontieres soient plus exposées que l'intérieur du royaume aux attaques de l'ennemi.

A l'époque de cette mémorable révolution qui avoit, de nos jours, rapproché les justiciables de leurs juges, la gratuité de la justice souveraine fut établie par tout le royaume, et la dépense nécessaire qu'entraînoit cette réforme, répartie sur les tailles, alors arbitraires dans les pays d'élection; une distribution plus équitable fut établie dans les pays d'états. La diminution considérable de frais, l'expédition prompte et integre de la justice, exciterent la reconnoissance de la nation, au point que plusieurs provinces s'étoient empressées de contribuer volontairement au remboursement des offices : mais ce qui a soulevé tous les esprits, c'est de voir qu'après le rétablissement de l'ancienne magistrature la taxe imposée pour le traitement des magistrats supprimés s'accumuloit avec tous les abus que le temps avoit introduits dans l'administration de la justice.

Le desir d'une justice plus exacte détermineroit-il à ne faire tomber le fardeau des traitements substitués aux épices et vacations que sur le téméraire plaideur, il seroit facile d'autoriser les magistrats à prononcer des amendes proportionnelles à la valeur de l'objet contesté, qui seroient versées dans le trésor public pour servir au paiement des gages attribués aux offices.

Il n'est point de réforme desirable, si les loix de la plus exacte justice ne sont observées. Or, nous dit-on, comment, dans le désastre actuel des finances, charger l'état du remboursement de tous les offices de judicature ?

Je réponds, 1°. que la nation a voté la destruction de tous les tribunaux d'exception, enfants tardifs du systême fiscal, qui, déguisant des emprunts sous la forme de créations d'offices, s'est efforcé d'accréditer cette pernicieuse marchandise par des distractions de ressort, par des attributions et des privileges onéreux; que ce vœu de la nation entiere ne peut être exaucé que par un paiement actuel et effectif de la valeur de ces charges; ce qui comprend une d'autant plus grande partie des remboursements exigés, que les besoins ont porté à un plus haut prix les finances de ces offices.

2°. Que la suppression de la vénalité est moins instante dans les tribunaux inférieurs que dans les cours souveraines, par la surveillance perpétuelle des cours sur les magistrats qui leur sont subordonnés.

3°. Qu'il est un moyen simple d'alléger le fardeau des remboursements dans les cours elles-mêmes, en décrétant dès aujourd'hui comme une loi constitutionnelle, ainsi que l'Assemblée nationale l'a fait, la suppression de la vénalité de tous les offices de magistrature, et toutefois n'effectuant la suppression, et le remboursement qui en est la conséquence, qu'à fur et à mesure des vacances.

Que pourroient objecter les propriétaires conservés dans leurs fonctions essentielles et dans toutes les prérogatives de leur état, suivant l'ordre des nouveaux tribunaux établis par la nation?

Se refuseroient-ils à des distractions de ressort jugées nécessaires? A Dieu ne plaise que nous leur supposions une telle pensée! mais, dans cette hypothese invraisemblable, les loix de la plus exacte justice seroient observées, si l'on assignoit des époques fixes au remboursement d'offices qui ne se trouveroient vacants que par le seul fait des titulaires, et qu'on fît jouir, dans l'intervalle, le propriétaire de l'intérêt du prêt par lui fait à l'état; car telle est la nature de ce qu'on nomme la finance des offices.

On ne peut douter que l'Assemblée nationale n'eût prévu ces ressources, lorsque son zele lui a fait décréter, le 14 août dernier et jours suivants, la suppression de la vénalité de tous les offices de judicature. Elles répondent aux doutes que la sollicitude paternelle du roi lui avoit inspirés.

« Je ne mettrai, dit le roi, aucune opposition à cette « partie des délibérations de l'assemblée nationale; je « desire seulement que l'on propose les moyens propres « à m'assurer que la justice sera rendue par des hommes « dignes de ma confiance et de celle de mon peuple. »

Quel moyen plus efficace de parvenir à ce but que l'élection libre (1), fondée sur l'opinion publique, plus sûre que ces informations de vie et mœurs, et ces exa-

---

(1) Je supposois alors, comme je l'ai dit plus haut, que les ma-

mens réduits depuis long-temps à une vaine formalité, dont on ne se dispenseroit pas toutefois, puisqu'ils sont prescrits par les ordonnances?

« La finance des charges des magistratures étoit une « propriété qui garantissoit au moins une éducation « convenable. »

Elle garantissoit au plus une fortune souvent altérée par des dettes inconnues. Des études suivies, une conduite irréprochable pendant une longue suite d'années, nécessaires pour déterminer l'opinion publique, seront de plus sûrs garants des lumieres et de la vertu des magistrats. On peut d'ailleurs, au moins dans les cours supérieures, exiger la preuve d'une fortune suffisante pour soutenir avec honneur la dignité de la magistrature.

« Il est convenable que l'assemblée nationale prenne « connoissance de l'étendue du capital des charges de « judicature. »

Ce capital est immense : son remboursement, dans les circonstances actuelles, offriroit des difficultés peut-être insurmontables : mais il suffit que la destruction de l'abus soit mise, par la loi constitutionnelle, à l'abri des variations trop fréquentes dans le régime ministériel;

---

gistrats, ou le peuple même, si vous voulez, présenteroient au roi trois sujets pour chaque place vacante, en sorte que les intrigues des favoris fussent contenues par la nécessité de l'élection du peuple, et celles dont le peuple est trop souvent victime, par la nomination royale. Je n'avois pas imaginé que l'enthousiasme du moment remettroit entre les mains de la multitude la nomination de toute la magistrature d'un grand empire.

que l'exécution en soit garantie, à chaque vacance, par le décret national et par la sanction du roi; que cependant les propriétaires d'une finance acquise à prix d'argent continuent d'exercer leurs fonctions et jouissent des prérogatives attachées à leurs offices. Ainsi la loi sainte de l'inamovibilité, qui affermit la constance du magistrat contre les efforts de l'intrigue et contre ceux d'une fermentation passagere, aura sa pleine exécution.

« Il est considérable (le capital des offices), et ne « coûte à l'état qu'un modique intérêt. »

Sans doute; et cette disproportion entre des gages altérés progressivement par les variations dans le taux de l'argent et l'accroissement du numéraire est elle-même un abus qui a introduit dans toutes les parties de l'administration des émoluments indirects qui n'ont plus de bornes. *Des contributions générales* à des traitements modiques, juste récompense des travaux du magistrat, auront des conséquences moins funestes; elles n'entraîneront pas ces frais immenses, surchargés de toutes les inventions de la fiscalité, qui accablent la partie la plus indigente des sujets du roi.

VŒUX
D'UN BON CITOYEN
POUR LE RÉTABLISSEMENT DES FINANCES.

AVERTISSEMENT.

Cet écrit parut au commencement de 1790. Sa base est le rapport fait à l'assemblée nationale, le 18 novembre 1789, par M. de Montesquiou, au nom du comité des finances; situation notablement altérée sans doute par les événements postérieurs : mais, si les proportions sont différentes, les principes sont les mêmes.

Quelques personnes pourront y trouver une critique trop sévere de l'ancien régime et des espérances trop flatteuses pour l'avenir.

Toutefois pourquoi ne le publierois-je pas? me suis-je dit à moi-même : n'ai-je pas fait vœu de dire avec franchise ce que je crois conforme à la vérité, de me dévouer à la fermentation de tous les partis qui voilent des intérêts privés sous le prétexte de l'amour du bien public?

Les notes indiqueront ce que les événements postérieurs nous ont appris.

VOEUX D'UN BON CITOYEN POUR LE RÉTABLISSEMENT DES FINANCES.

Sous le régime ministériel les hommes en place étoient accablés de mémoires dictés par des intérêts particuliers, repoussés ou accueillis selon le degré de crédit de leurs auteurs. Aujourd'hui la nation, épuisée par les crises inséparables d'une grande révolution, est inondée de projets et de libelles, parmi lesquels elle a peine à fixer ses espérances ou ses craintes.

C'est le desir de contribuer à faire cesser une défiance si funeste qui m'enhardit à écrire sur une matiere étrangere jusqu'ici à mes travaux.

J'exposerai, non les maux qu'une secousse nécessaire a occasionnés, (perdons-en, s'il se peut, le souvenir!) mais le bien acheté par nos désastres, l'abolition des privileges des personnes et des provinces, la division proportionnelle de la surface immense de ce grand empire, les distinctions accordées au mérite et à la vertu plus qu'à la naissance (1), conciliées avec l'égalité de

(1) Observez que je dis, *plus qu'à la naissance* : car, l'assemblée

droits de tous les citoyens; l'anéantissement devenu indispensable de cette foule d'impôts indirects, plus utiles aux percepteurs, qu'ils enrichissoient, qu'à l'état appauvri par les abus; la nécessité de leur substituer une contribution proportionnelle de tous aux dépenses communes, d'autant moins alarmante, que, s'atténuant par sa division, à l'abri et du despotisme et des vues sordides des traitants, elle ne pourra, dans aucun temps, prendre d'accroissement que du consentement de la nation; borne sacrée, posée par nos peres, qu'un monarque ami de son peuple a affermie sur ses antiques fondements.

Il ne m'appartient pas de fixer l'étendue et les dimensions de l'édifice dont j'ose tracer le plan sur la base unique de la division du royaume en quatre-vingt-trois départements de trois cents lieues quarrées (1), d'où résulte, selon mon opinion, la possibilité de procurer

---

nationale ayant décrété depuis long-temps l'abolition de toute loi, de tout statut tendant à repousser le mérite et la vertu, ce qui seul suffisoit pour déraciner les abus, il n'étoit pas possible de prévoir que, le 19 juillet de la même année, dans une séance du soir, contre son propre réglement, elle porteroit l'enthousiasme de l'égalité jusqu'à tenter d'abolir cette noblesse héréditaire qui, soumise, de son consentement, à toutes les contributions pécuniaires proportionnelles, ayant sacrifié des privileges dont elle jouissoit depuis l'origine de la monarchie, est le plus puissant aiguillon à la vertu. Voyez la note à la suite de la premiere Philippique.

(1) Quelques départements ont plus de trois cents lieues de surface, d'autres moins; mais c'est sur cette échelle qu'a été dressée la nouvelle division.

à l'état, non seulement sans aucune surcharge, mais avec le soulagement du plus grand nombre, par la seule distribution de deux impôts uniques, l'un réel, l'autre personnel, un revenu annuel de huit cents millions, supérieur d'un tiers au produit des impôts actuels dans les temps les plus prosperes, suffisant par conséquent, déduction faite de frais de perception très modiques, non seulement pour couvrir un *deficit* de soixante-huit millions (1), mais pour réparer les pertes que la révolution a occasionnées, et fournir au remplacement des dîmes ecclésiastiques et à toutes les améliorations décrétées par les représentants de la nation et sanctionnées par le roi.

Ayant satisfait, dans l'exposé de mon plan, aux objections qu'on peut élever contre chacune de ses parties, je répondrai aux difficultés générales par lesquelles on essaieroit d'en révoquer en doute la possibilité.

Portant enfin un coup-d'œil rapide sur les ressources qui nous restent, indépendamment de cet immense revenu pour acquitter la dette arriérée et les remboursements suspendus, je m'efforcerai de ranimer cette confiance sans laquelle nous creuserions sous nos pas un abyme sans fond.

---

(1) Le *deficit* n'étoit que de soixante-huit millions au 18 novembre 1789, époque du rapport fait à l'assemblée nationale par M. de Montesquiou; il est à craindre qu'il ne soit aujourd'hui incalculable : aussi ne nous rend-on plus de comptes.

Tableau du produit des deux impôts supposés.

DES quatre cents millions, montant de l'impôt réel, j'en retranche cent, que je suppose acquittés, par forme de retenue, sur toutes les rentes, sur les intérêts des dettes de l'état, sur les pensions, sur les gages des officiers, sur les dépenses annuelles de toute nature, à l'exception seulement de la solde des troupes de terre et de mer; ce qui forme, selon mon opinion, une retenue de deux dixiemes (1). Vous manquez, dira-t-on, à la foi publique : un décret de l'assemblée nationale, du 27 août 1789, a placé les créanciers de l'état *sous la garde de l'honneur et de la loyauté françoise;* il porte que, *dans aucun cas, il ne pourra être fait de nouvelles retenues ni déductions quelconques sur aucune partie de la dette publique.* Toutefois l'argent est un signe représentatif de toutes les valeurs : un décret constitutionnel de l'assemblée nationale, rendu en exécution

(1) Cette contribution me paroissoit alors de toute justice, pour que les créanciers de l'état et ses pensionnaires, jouissant, comme tous les autres, de la décharge des impôts indirects, ne fussent pas exempts de toute contribution à l'impôt direct sur des revenus représentatifs des fruits de la glebe; ce qui seroit un véritable privilege pécuniaire. Je ne prévoyois pas qu'on porteroit la parcimonie jusqu'à révoquer des dons faits par le monarque avant l'époque de notre glorieuse régénération, sans songer que contraindre le riche à s'expatrier, anéantir le luxe au lieu de le modérer, c'est accabler le pauvre qu'il alimente.

Sachez sur-tout que le luxe enrichit

dès articles arrêtés le 4 août, prononce *l'abolition à jamais de tous les privileges personnels ou réels en matiere de subsides;* il porte que *la perception en sera faite sur tous les citoyens, de la même maniere et dans la même forme.* De quel droit le propriétaire de rentes, d'actions, de coupons représentatifs d'intérêts (car le billet qui tient lieu du capital ne peut être sujet à aucune retenue), seroit-il exempt de toute contribution aux charges publiques? Sous quel prétexte le financier, l'actionnaire, l'agioteur, engraissés de la substance du peuple, feroient-ils retomber le poids des contributions dont ils sont tenus sur les fruits de la glebe, source fondamentale des richesses d'un royaume agricole? L'assemblée nationale a décrété, le 27 août, qu'il ne pourroit être fait aucune déduction sur la dette publique. Mais l'impossibilité de percevoir les impôts indirects n'étoit pas alors démontrée. De quel droit les créanciers de l'état prétendroient-ils jouir de la décharge de ce lourd fardeau, sans contribuer à l'indemnité qui en est

---

Un grand état, s'il en perd un petit.

. . . .

. . . .

Oh! que Colbert étoit un esprit sage!
Certain butor conseilloit, par ménage,
Qu'on abolît ces travaux précieux,
Des Lyonnois ouvrage industrieux.
Du conseiller l'absurde prud'hommie
Eût tout perdu par pure économie.
Mais le ministre, utile avec éclat,
Sut par le luxe enrichir notre état.

VOLTAIRE, *Défense du Mondain.*

due? Si le décret du 27 août lioit les mains à l'assemblée nationale, il seroit de sa justice d'accroître la capitation de ces propriétaires privilégiés de toute leur part contributoire à cette indemnité; ce qui seroit un cercle vicieux qui rendroit l'assiette de l'impôt personnel d'autant plus difficile, que le plus grand nombre des titres de ces créances, enfermé dans un porte-feuille, se dérobe à la lumiere.

Reste de l'impôt réel trois cents millions à répartir sur le propriétaire de la glebe. Le calcul est facile d'après la nouvelle division du royaume; multipliant 300 par 83, vous aurez un total de 24,900 lieues quarrées, à la mesure de 2260 toises la lieue commune de France. De ce nombre je retranche un tiers pour les rivieres, les canaux, les chemins, les édifices publics, les landes et tous les terrains non susceptibles de culture; ce qui ne paroîtra pas trop foible, si l'on considere que le terrain sur lequel les maisons des grandes villes sont bâties, non seulement ne doit pas être exempt de contribution, mais qu'il en doit supporter une portion d'autant plus forte, que son produit est plus considérable, comparé à sa surface (1). Il en est de même des jardins, des clos, des vergers dépendants des habitations des villes de moindre étendue, des villages, des hameaux. De 24,900

(1) Prenons pour exemple une maison de Paris, de Lyon, ou de quelque autre grande ville, louée 2000 livres. Elle a souvent moins de quarante toises de surface, moins de la vingt-deuxieme partie d'un arpent : la contribution proportionnelle de cet immeuble, évaluée suivant son produit, ira donc à la décharge de plus de vingt-deux arpents de glebe nue.

retranchez un tiers, reste 16,600 lieues quarrées, qui, réduites en arpents de 900 toises, mesure de Paris, donnent un total de 94,000,000 d'arpents, et 3 livres 5 sous pour la contribution de chaque arpent aux trois cents millions. Cette charge est-elle excessive? Je me borne à une seule réflexion. Dans l'ancien régime, la taille à laquelle étoit imposé un fermier de cent arpents de médiocre valeur excédoit communément trois cents livres, sans y comprendre ses accessoires, le taillon, la capitation, etc. indépendamment des vingtiemes acquittés par le propriétaire, et de cette longue kyrielle d'impôts indirects dont le préjudice étoit incalculable. L'abonnement des pays d'états étoit plus foible : mais la prépondérance des classes privilégiées, occupées de l'intérêt du moment, en faisoit retomber presque tout le poids sur l'utile cultivateur, souvent plus accablé dans ces provinces que dans les autres.

Passons au second impôt, que je suppose consister dans une contribution de quatre cents millions, répartis par forme de capitation sur toute la population de ce vaste empire.

Des 24 millions d'ames qu'on y compte, j'en soustrais 6 millions dont le travail peut à peine fournir aux besoins de premiere nécessité; des 18 millions restants je retranche les deux tiers, pour me borner aux seuls chefs de famille. 400 millions, répartis entre ces 6 millions d'individus, donnent par tête une capitation de 66 liv. 15 sous (1).

---

(1) Cet impôt, qui pouvoit être unique, a été divisé en deux

C'est au prix de cet impôt, joint à une contribution de 3 liv. 5 sous par arpent de terre et à la retenue de deux dixiemes sur toutes les sommes acquittées annuellement par le trésor public, à l'exception de la solde des troupes, que le propriétaire de la glebe, le capitaliste, l'homme qui vit de ses rentes, racheteroient et la taille, et la capitation, et les vingtiemes, avec leurs accessoires et les impôt indirects qui portent sur tous les genres de consommations.

Ai-je exagéré, en comptant six millions de chefs de famille en état de fournir une telle contribution?

Observez, 1°. que, pour assurer au trésor public un revenu annuel de huit cents millions, il suffit que, dans toute l'étendue du royaume, il se trouve un million d'individus qui fussent soulagés, en achetant, par une contribution de 800 liv. par année, l'exemption de tous les impôts existants tant directs qu'indirects. Qui peut douter que le nombre de ceux qui seroient heureux par ce rachat ne soit de beaucoup supérieur à un million!

2°. Que le thermometre se gradue en proportion de la richesse et de la médiocrité, en sorte qu'un seul individu qui jouit de 100, de 50, de 30, de 20 mille livres de revenu, représente, relativement à l'impôt, 10, 5, 3, 2 individus jouissant de 10,000 livres, et ainsi de suite dans toutes les classes.

---

parties par les décrets, la contribution mobiliere, et la contribution personnelle à raison du loyer. C'est avoir multiplié les difficultés de la répartition, attenté à la liberté par la sorte d'inquisition qu'exigera la fixation de la contribution mobiliere, alarmé enfin le commerce et l'industrie sans échapper à l'arbitraire.

Facilité d'éviter l'arbitraire de la répartition, et d'approcher, le plus possible, de l'exactitude numérique.

DES huit cents millions, montant des deux impositions, j'en suppose un huitieme perçu, par forme de retenue, sur les intérêts de toutes les dettes de l'état. L'assemblée nationale a seule droit, elle possede seule tous les éléments nécessaires pour la distribution générale des sept cents millions restants entre les quatre-vingt-trois départements, dont elle a fixé l'étendue respective, eu égard à la richesse et à la population de chaque province. Si vous n'osez vous flatter de parvenir en ce moment à une exactitude rigoureuse, fiez-vous, pour réformer vos erreurs, au choc des intérêts particuliers; ils ne vous les laisseront pas ignorer. Se bornant à cette distribution générale, l'assemblée nationale abandonnera les subdivisions aux départements, aux municipalités, aux districts, aux cantons, décrétant toutefois que la somme imposée sur chaque département sera divisée en deux parts, l'une des trois huitiemes sur la glebe, l'autre de quatre huitiemes sur les personnes. Ainsi se formera, comme de lui-même, ce cadastre attendu depuis si long-temps, moralement impossible sous l'ancien régime par les obstacles qu'y apportoient le combat des provinces contre les provinces, des privilégiés contre les non privilégiés, des citoyens de tous les ordres contre le fisc; car tous étoient invités à la fraude par le défaut d'intérêt dans les autres contribuables pour la prévenir ou la réprimer, si vous exceptez toutefois quelques commis ou quelques brigands attirés par l'appât d'un gain honteux. Aussi, de tous les impôts actuels, la seule assiette de la taille est-elle plus équitablement répartie dans les pays d'élection, parceque le fardeau de l'un des contribuables ne pourroit être allégé qu'il ne retombât sur les autres.

Voulez-vous donner plus de facilité au cultivateur, autorisez-le à acquitter en nature sa quote-part des deux impositions dans une forme à laquelle il est accoutumé, celle de la dîme qu'il payoit aux ministres de l'église, en observant cependant que la contribution personnelle soit évaluée sur le pied des mercuriales des lieux; et quant à l'impôt réel, qu'il soit fixé diversement à raison des diverses qualités du sol, de maniere que le trésor public se trouve indemnisé de la diminution que la nécessité d'affermer occasionnera. Je dis affermer, ou adjuger aux encheres sur les lieux, afin que la richesse particuliere tourne au profit de la chose publique, excluant à jamais les baux généraux et les entreprises. Ainsi seroit tarie la source de ces frais dont les anciens receveurs savoient tirer un parti si avantageux pour eux-mêmes, à la ruine de l'indigent.

Réponse aux objections générales.

COMMENT supposer, nous dira-t-on, que le peuple, épuisé par des impôts qui ne rapportoient de net au trésor public que cinq cents quarante millions, pourroit acquitter, non seulement sans surcharge, mais avec un soulagement réel, deux contributions de huit cents millions au total?

— Ma réponse est simple. Vous me présentez le tableau de ce que les impôts actuellement existants fournissent au trésor public; et moi j'observe les inégalités qui subsistoient dans l'ancien régime, les abus qu'il toléroit, les fraudes, les pertes immenses qu'il étoit impossible d'éviter, qui retomboient sur le peuple. Ici des abonnements de pays d'états, de beaucoup inférieurs à la valeur réelle des impôts, déchargeoient le riche en accablant le pauvre; là les vingtiemes, acquittés sur des déclarations fautives, perpétuoient l'erreur en même temps qu'elles tarissoient la source de la richesse publique; quelquefois des hommes puissants obtenoient, à titre d'abonnements, des décharges réelles; le clergé et les moines offroient, comme un don gratuit, environ le cinquieme de la contribution dont ils étoient tenus; les privilégiés, soustraits à l'imposition de la taille, parvenoient, par le crédit et l'intrigue, à alléger ceux des impôts dont ils n'étoient pas exempts; les provinces se cantonnoient; le gouvernement s'efforçoit en vain, par l'accroissement de sous pour livre, par la multiplication des noms, de masquer les surcharges; les impôts indirects, montant à deux cents millions, supportoient seuls trente-trois millions de frais, autant au moins de faux-frais, sans compter les fraudes, les vexations devenues nécessaires pour les réprimer, et les pertes incalculables, suite de la nature de ces impôts. Tel est le tableau que vous comparez à une distribution proportionnelle, qui n'exigera d'autre dépense que celle d'une perception facile sur les lieux, versée immédiatement dans le trésor public.

— Ce plan n'est pas nouveau; depuis l'époque de *l'Ami des Hommes*, il fut souvent discuté dans les conseils du feu roi, et jugé impraticable.

Par qui? Par une cour toute composée de privilégiés intéressés à défendre des abus dont ils profitoient, par les enfants, les alliés, les amis de ces nombreux financiers engraissés de la substance des peuples, qui occupoient alors toutes les places, qui tenoient au clergé, à la noblesse, à toute la magistrature. Je dis plus; cette simplification des impôts étoit impossible alors. Colbert, soutenu de toute la puissance de Louis XIV, tente une seule réforme, de faire oublier, par le rejet des barrieres aux extrémités du royaume, ce langage barbare si funeste dans ses effets, *de provinces des cinq grosses fermes, de provinces réputées étrangeres, d'étranger effectif*: les préjugés de ces provinces le contraignent d'abandonner son projet; le réglement qu'il publie accroît les abus.

— La suppression de tout impôt sur les consommations enhardira ces capitalistes, d'autant plus dangereux, que les trésors qu'ils enfouissent sont soustraits à la consommation.

— Je croyois avoir prévenu cette objection par la retenue de deux dixiemes sur les intérêts de toutes les charges du trésor commun. L'argent enfoui, les conventions usuraires échapperont sans doute jusqu'à ce que l'abondance ramenée permette au débiteur de s'affranchir par le remboursement de la charge qui lui est imposée (1); et toutefois est-il vrai que les deux impôts n'atteindront en aucun point les consommations? Le propriétaire de la glebe, assujetti à une contribution de 3 livres 5 sous par arpent, ne parviendra-t-il pas à s'en rédimer en partie par l'augmentation de sa ferme et par celle de la denrée? L'opulence de cet avare échappera-t-elle, dans le lieu de son domicile, à des yeux éclairés par l'intérêt personnel? Pourquoi la capitation de ce négociant, débarrassé des entraves qui obstruoient la circulation, n'augmenteroit-elle pas en raison de l'étendue de son commerce? Que lui serviroit de se livrer à de vaines déclamations contre la taxe imposée par ses concitoyens, au lieu d'en répartir la charge sur le consommateur de la même maniere qu'il répartit aujourd'hui les impôts indirects qu'il a avancés; mais avec cette différence que le nouvel impôt, moins onéreux en lui-même, n'entraîneroit ni ces frais ni ces pertes toujours exagérées par l'intérêt personnel?

— Ne vous flattez pas, dira-t-on, que le retranchement des impôts indirects amene la diminution du prix des denrées; les taxes, les réglements de police, tenteroient en vain de réformer cet abus.

— Aussi ne sont-ce pas des loix que j'essaierai de lui opposer, mais le concours des intérêts. La diminu-

(1) Ce n'est pas par des loix prohibitives, par des voies inquisitoriales, mais par la paix, par le bonheur, qu'elle peut être ramenée. Enfant timide, le crédit s'alarme de ce fracas contre lequel vous avez déclamé pendant si long-temps. Mais c'est le propre de la multitude de prétendre allier les contradictoires.

tion ne sera pas subite, j'en conviens; mais elle résultera infailliblement de la rivalité d'un voisin ou plus industrieux ou plus juste : c'est une onde agitée par de violentes secousses, que les vents maintiennent quelque temps à une grande hauteur, mais qui reprend enfin son niveau par l'affaissement progressif de ses parties.

Autres ressources pour acquitter la dette arriérée et satisfaire aux remboursements supendus.

Les deux impôts destinés à remplacer les contributions ordinaires présentent aux créanciers de l'état un gage de huit cents millions, décroissant progressivement par l'extinction de la dette nationale, et en même temps susceptible d'accroissement, en cas de nécessité, par le consentement de la nation, dans la même forme que ces impôts sont établis.

Mais ils ne sont pas les seules ressources de l'état. Oublions la contribution patriotique, atténuée par la défiance qu'inspirent nos désastres momentanés, le produit de la loterie royale, celui de l'administration des postes, etc.

Les barrieres reculées aux extrémités du royaume assureront la circulation intérieure sans anéantir les droits de traites aux frontieres, dont le produit ne peut être calculé que sur la balance du commerce, très dérangée en ce moment, mais qu'il est facile de faire incliner en notre faveur par le rétablissement du calme et de la confiance.

Parmi les impôts indirects il en est un qui tient à l'authenticité des actes, d'une perception peu coûteuse, utile, nécessaire même, indépendamment des avantages qu'il procure au fisc; c'est le contrôle. Pourquoi la nation, en l'améliorant, en le purgeant de ses abus, n'en tireroit-elle pas parti pour accroître les revenus de l'état (1)?

Nos peres, accoutumés à payer en usufruit d'une portion de la glebe toutes les fonctions publiques; ce qui a donné naissance aux fiefs, devenus patrimoniaux sur la fin de la seconde dynastie, et aux bénéfices affectés aux ministres de l'église par la libéralité de nos rois et par celle des particuliers sous l'autorité de la loi; nos peres avoient transformé les domaines immenses de la couronne en une espece de liste civile destinée à fournir aux dépenses qui tiennent à la majesté du trône. La crainte de voir ces domaines démembrés, dispersés par la bienfaisance de nos rois et par l'avidité de ceux qui les

---

(1) Vous avez changé le nom; car c'est votre méthode constante. Vous nommez le contrôle *droit d'enregistrement:* mais, au lieu de l'alléger, la nécessité vous a contraints de l'aggraver, de l'embarrasser à l'excès, de l'étendre jusqu'aux successions en ligne directe, que le despotisme (car c'est le nom que vous donnez aux anciennes maximes) avoit respectées.

Aux privileges exclusifs des maîtrises vous avez substitué *les patentes*, moins onéreuses peut-être pour le citadin, mais accablantes pour l'habitant des campagnes, pour ce porte-balle dont toute la fortune est renfermée dans sa charrette ou posée sur ses épaules.

environnent, avoit déterminé les états assemblés à Moulins en 1566 à les déclarer inaliénables, si ce n'est avec faculté de rachat perpétuel. Qu'en est-il arrivé? Que des engagements à des prix infiniment inférieurs à la valeur réelle, soit en eux-mêmes, soit relativement à l'augmentation du numéraire, révocables à perpétuité, mais jamais révoqués, ont eu tout l'effet d'une véritable aliénation sans en avoir les avantages; que les foibles restes de la glebe domaniale, altérés par le défaut de culture, absorbés par les frais que leur conservation entraîne, ont repoussé sur les impôts toute la charge des dépenses auxquelles ils étoient affectés. Louis XIV tenta plusieurs fois de remédier à cet abus; toute la puissance du monarque le plus absolu échoua contre la force invincible de l'opinion. Il n'appartient en effet qu'à la nation de briser des liens qu'elle a tissus. Cependant de quelle utilité pourroit être une telle réforme! Ainsi seroient rappelées, sans injustice, des possessions immenses que le crédit et l'intrigue ont enlevées à leur destination; les engagistes, remboursés de leurs finances et des améliorations dont ils justifieroient, auroient le droit de s'assurer une propriété incommutable, soit par une augmentation de prix, soit par la prestation d'une redevance représentative de la glebe aliénée (1). L'agriculture gagneroit à la division du sol: le monarque, le représentant de la chose publique, conservant ces parcs,

(1) Ce qui sembloit de beaucoup préférable, sur-tout si ces redevances eussent été stipulées payables en grains, susceptibles par

ces châteaux dûs à la splendeur du trône et à ses jouissances personnelles, semblable d'ailleurs au souverain pontife dans la loi de Moïse, n'auroit d'autre part dans les biens d'Israël que celle que lui assure l'amour des peuples soumis à son empire.

J'en dis autant des immenses possessions de l'église, à la déduction des sommes ou des fonds destinés au culte (1), à l'entretien des ministres et au soulagement des pauvres.

Tels sont les gages des créanciers de l'état. En est-il de plus capables de ranimer la confiance? Mais elle ne se commande pas; elle fuit et la rigueur des loix et les astuces de l'agiotage.

Une dette arriérée de plus de huit cents millions, les engagements violés par la suspension des rembourse-

---

conséquent d'une augmentation progressive, sans surcharge pour le preneur; car elles eussent formé une ressource assurée pour le trésor public : mais vous avez en horreur tout ce qui tient à la propriété directe, comme la nomment les jurisconsultes.

(1) A Dieu ne plaise que je réclame contre l'abolition des immunités du clergé, qu'il avoit solemnellement abandonnées, respectées avec raison quand ses biens pouvoient à peine suffire à leurs saintes destinations, mais dont la continuation, depuis cette époque reculée, formoit, en faveur de ceux qui avoient acquitté les impôts à la décharge des ecclésiastiques, une créance dont l'hypotheque étoit imprescriptible! Il falloit la faire valoir cette hypotheque, en acceptant des offres qui eussent nécessité une nouvelle répartition canonique des biens consacrés au service des autels et au soulagement de l'indigent, en même temps que cet arrangement eût assuré le gage de votre numéraire fictif.

ments promis, une surcharge de plus de deux cents millions, par l'impossibilité de percevoir la plupart des impôts existants jusqu'à ce qu'ils soient remplacés par d'autres moins ruineux, la circulation du numéraire interceptée, tous les ressorts du gouvernement relâchés; telle est la profondeur d'une plaie qui n'admet d'autres remedes que la franchise, la bonne foi, la justice.

Loin, bien loin tous les palliatifs! Qu'un tableau complet, sincere, à la portée de tous, de l'état des finances dévoile et les périls et les ressources; que la fidélité des perceptions et leur emploi ne laissent aucune matiere à l'équivoque; qu'une caisse d'amortissement, dont les fonds ne puissent, sous aucun prétexte, être détournés de leur destination (si ce n'est peut-être momentanément, pour empêcher l'invasion de nos possessions), assure l'extinction progressive de la dette publique; qu'un numéraire fictif, dont le gage soit irrévocablement assuré, remplace, par nécessité, ce numéraire réel qui vivifie toutes les parties de l'administration; que le nombre des effets représentatifs; quelque nom qu'on leur donne, soit fixé d'une maniere irrévocable; qu'il soit tel, que les paiements n'éprouvent ni suspension ni retard; que la division de ces effets remplace sans gêne l'objet représenté, car la gêne est destructive de la confiance; qu'un intérêt modique, peu coûteux par la briéveté de sa durée, leur donnant une valeur d'opinion supérieure à celle du numéraire réel, resserre l'image lucrative pour faciliter le cours de la réalité stérile (1).

(1) Telle fut l'opinion de nos législateurs, quand ils attacherent

Si votre inviolable fidélité parvient à accréditer cette ressource, redoutée sous le régime ministériel par la facilité d'en abuser, toutes les opérations des législatures postérieures, des départements, des districts, des cantons, seront simplifiées pour toujours, pourvu cependant que vous vous empressiez de rendre à un monarque si digne de votre confiance la force dont il a besoin pour contenir les intérêts particuliers qui luttent sans cesse contre l'intérêt général.

Rousseau nous l'a prédit, croyons-en ce grand homme;

« Le gouvernement se relâche à mesure que les ma-
« gistrats se multiplient... Plus le peuple est nombreux,
« plus la force réprimante doit augmenter (1). »

En effet, sans cette réaction du centre sur toutes les parties de la surface, de ce centre nécessaire dont l'obli-

---

un intérêt modique et momentané aux premiers quatre cents millions d'assignats. Pourquoi n'ont-ils pas persévéré? Il ne falloit pas promettre, ou ne pas révoquer l'engagement d'une grande nation; car rien n'altere davantage la confiance. Le bénéfice procuré par douze cents millions d'assignats sans intérêt, servant à rembourser pareille somme de dettes portant intérêt, est immense : il eût suffi pour couvrir l'ancien *deficit*, si la division de ce numéraire eût été telle dès le commencement, qu'elle eût extirpé l'agiotage. On y revient aujourd'hui; mais en procurant aux petits assignats décrétés un débouché aussi incommode que la monnoie de fer des Lacédémoniens, prétend-on réduire notre commerce, notre industrie, à la nullité lacédémonienne?

(1) Contrat social, liv. II, chap. 2.

gation de déraciner des abus invétérés vous a forcés de suspendre l'activité, vous vous flatteriez en vain d'inspirer la confiance; le gouvernement essentiellement versatile des représentants périodiques de vingt-quatre millions d'individus vous conduiroit infailliblement à l'anarchie et à l'anéantissement.

RÉFLEXIONS
SUR LE STYLE
DES ACTES JUDICIAIRES,

Extraites du journal intitulé le Modérateur.

RÉFLEXIONS
SUR LE STYLE
DES ACTES JUDICIAIRES,

Extraites du journal intitulé le Modérateur.

Les auteurs de ce journal avoient proposé cette question :

Ne seroit-il pas possible de débarrasser nos formes judiciaires de ce style gothique qui les défigure? Quels inconvénients pourroient en résulter?

Je fis à cette question la réponse suivante :

Vous vous élevez avec bien de la justice, messieurs, dans le n° XII de votre journal, contre ce style gothique qui défigure nos actes, notre procédure, nos jugements, tant en matiere civile qu'en matiere criminelle.

Vous engagez vos lecteurs à vous exposer leur opinion sur cet objet; c'est ce que je vais essayer de faire avec cette impartialité que vous aimez et dont je fais profession.

Ceux qui, frondant tous les usages anciens, voudroient qu'on s'exprimât dans les tribunaux comme dans la société, ne me paroissent pas avoir assez réfléchi sur l'utilité des formules légales : elles tiennent aux formes sagement établies par les loix pour assurer la preuve des faits; elles fixent l'attention du magistrat sur des objets connus; elles arrêtent les écarts du praticien mal habile; elles donnent aux actes judiciaires une uniformité imposante : mais, pour produire ces effets, il est nécessaire qu'elles soient simples, claires, courtes, à la portée de tout le monde; et les nôtres n'ont pas toujours ce caractere.

Sans m'appesantir sur ces mots, *débouté de la demande*, qu'on emploie dans les jugements civils, devenus clairs par l'usage, et qui ont au moins le mérite de la briéveté, quel plaideur sait s'il a perdu ou gagné sa cause, lorsqu'il entend le président d'une cour supérieure prononcer ainsi, *La cour a mis et met l'appellation au néant, ordonne que ce dont est appel sortira son plein et entier effet*; ou, *La cour a mis l'appellation et ce dont est appel au néant, émendant?*... Je n'ignore pas que cette formule est un reste du régime féodal, suivant lequel, les seigneurs ayant usurpé la jurisdiction patrimoniale, les bailliages et sénéchaussées, qui jugeoient alors en dernier ressort, furent établis par nos rois pour réformer des abus qui portoient sur le peuple, à peine sorti de la servitude; en sorte que l'appel, le recours au roi et aux cours dépositaires de son autorité, étoient une voie extraordinaire, semblable à nos demandes en cassation. Mais quel motif a prorogé ce langage barbare, depuis que les appels sont devenus une voie de droit, ouverte à tout plaideur mécontent?

Il seroit et plus simple et plus clair de dire : *La cour ordonne que la sentence dont est appel sortira effet*, ou *La cour, infirmant la sentence dont est appel, ordonne.....*

Si des jugements nous passons aux actes, la soumission aux loix exige que les formalités qu'elles prescrivent pour leur authenticité, telles que la présence des notaires ou des témoins, le domicile des parties, la date du jour et de l'heure, avant ou après midi (nécessaire pour assurer la priorité de l'hypotheque), soient constatées par l'officier public. Hors de là, l'expression la plus courte, la plus simple, la plus nette, des conventions des parties, est la meilleure. Ce que les notaires ajoutent trop souvent est l'effet d'une routine née du charlatanisme des anciens praticiens ; il ne sert qu'à multiplier les procès.

Ces principes s'appliquent à l'instruction criminelle. Il est de la nature du crime de se cacher ; ce qui nécessite, pour le punir, de s'en rapporter au témoignage constant, uniforme, soutenu par la religion du serment, de ceux que le hasard en a rendus témoins. Ces témoins sont fournis au ministere public par le dénonciateur. Le sexe du témoin, son âge, s'il est majeur, mineur, impubere, ses liaisons avec le dénonciateur ou l'accusé, fortifient ou atténuent légalement la confiance due aux faits dont ils chargent l'accusé et à ce qu'ils alleguent pour sa justification. L'information doit donc faire mention de ces faits. Mais ce n'est pas avec cette simplicité que s'expliquent nos praticiens, *lequel a déclaré qu'il n'est parent, allié, serviteur ni domestique* (de l'accusé ou du dénonciateur), *si ce n'est qu'il est son frere, son cousin, etc.;* et ils répetent superstitieusement cette formule ridicule, même lorsque les seules qualités du témoin, énoncées dans le préambule de la disposition, ne permettent aucun doute.

Il en est de même du *récolement*, c'est-à-dire de la répétition du témoin dans sa déposition, à l'effet de le mettre à portée de confirmer ou d'atténuer sa déposition par des circonstances qui ne se seroient pas d'abord offertes à sa mémoire. Qu'exige la raison? Que la persévérance du témoin ou ses variations soient clairement énoncées. La *confrontation* présente un combat entre l'accusé et le témoin qui le charge. Pourquoi hérisser ces procédures simples de mots pédantesques? Aussi est-il d'usage, dans les tribunaux, de les simplifier, en ne lisant que les faits essentiels, que *l'accusé et le témoin ont paru en présence l'un de l'autre;* que le témoin *a prêté serment* (car le serment de l'accusé est justement proscrit par la nouvelle loi, s'il ne charge le témoin); que l'accusé *a dit avoir* ou *n'avoir point de reproches à proposer contre le témoin; qu'il leur a été fait à l'un et à l'autre lecture de la déposition et du récolement.* Puisque ce peu de mots suffit, pourquoi en ajouter d'autres, écrits en caracteres d'un demi-pouce de hauteur, qui multiplient les frais, et ont en outre l'inconvénient de rendre le procès-verbal presque illisible?

Voilà, messieurs, la réponse qu'une longue expérience m'a mis à porté de faire à la question proposée dans votre journal.

OBSERVATIONS

D'UN MAGISTRAT

SUR LE JUGEMENT PAR JURÉS,

Adressées à MM. les Rédacteurs du journal intitulé le Modérateur.

OBSERVATIONS D'UN MAGISTRAT SUR LE JUGEMENT PAR JURÉS,

Adressées à MM. les Rédacteurs du journal intitulé le Modérateur.

A Paris, le 16 février 1790.

MESSIEURS,

L'ACCUEIL que vous avez fait à plusieurs de mes réflexions m'enhardit à vous proposer mes doutes sur l'utilité de cette procédure par jurés, de ce jugement des pairs en matiere criminelle, qui semble réunir aujourd'hui un grand nombre de suffrages.

Si nous remontons à l'antiquité, chez les Athéniens, ce peuple avec lequel nous avons tant de ressemblance, le crime de lese-nation avoit pour juges tous les citoyens. Ce fut la multitude assemblée dans le cirque qui contraignit Miltiade à mourir de ses blessures dans une prison, par l'impossibilité de payer l'amende à laquelle il avoit été condamné; qui bannit, par l'ostracisme, Cimon et Aristide, et condamna Phocion à la mort. Les autres accusations étoient poursuivies devant les *héliastes*, tribunal peu différent de nos jurés; ce furent ces magistrats momentanés qui condamnerent Socrate à boire la ciguë. L'*aréopage* seul, composé de magistrats perpétuels, de sages instruits par une longue expérience, conserva dans tous les temps une réputation sans tache.

A Rome, aucun citoyen ne pouvoit être condamné à mort, ou au bannissement perpétuel, que par le jugement du peuple. Ce fut le peuple qui, sur la dénonciation de l'infâme Clodius, interdit le feu et l'eau à ce même Cicéron qui avoit sauvé la patrie des fureurs de Catilina, et déclara sacrée la maison de ce consul pour qu'elle ne pût lui être rendue. Les jugements de moindre importance étoient confiés, tantôt aux sénateurs, tantôt aux chevaliers, tantôt aux simples citoyens; et, dans aucun gouvernement, la corruption ne régna avec plus d'impunité.

Sous la premiere race de nos rois, lorsque, suivant l'expression de l'un de nos anciens historiens, de sept personnes rassemblées dans une même maison à peine s'en trouvoit-il deux qui vécussent sous la même loi, quand le meurtre d'un Romain tributaire étoit puni de la même peine que celui d'un cerf, le jugement des scabins ou échevins ressembloit à celui des pairs. Ce droit jeta de profondes racines sous les descendants de Charlemagne, au sein de la barbarie du gouvernement féodal, qui ne connoissoit d'autre preuve que les épreuves et le duel, qu'ils nommoient *le jugement de Dieu*. Les pairs, les jurés, n'étoient alors que les témoins de l'observation des loix du combat et de la victoire de l'un des deux champions. Sous la troisieme dynastie, les établissements de saint Louis donnerent naissance à l'ordre judiciaire, que la scholastique et le fanatisme ne tarderent pas d'infecter.

L'Angleterre, dont le gouvernement a la même origine que le nôtre, mais qui ne conquit la liberté, tandis que la France marchoit vers l'autorité absolue, qu'en alliant l'esprit républicain aux formes du despotisme, et même de la suprématie ultramontaine, à laquelle elle fut long-temps asservie; l'Angleterre conserva, en matiere criminelle, le jugement par jurés. Tel est aujourd'hui l'objet de notre émulation.

Pour nous décider sur l'utilité de cet établissement, portons un coup-d'œil rapide sur la nature de l'instruction criminelle.

Les fonctions du magistrat ont deux objets : la décision du fait, c'est-à-dire de l'existence du corps de délit, ce qui comprend l'appréciation des charges qui s'élevent contre l'accusé; et l'application de la peine, quand l'accusé est convaincu.

Si notre code pénal étoit moins imparfait, cette seconde partie ne présenteroit aucune difficulté; car le magistrat n'est que l'organe de la loi, dont il ne lui est permis ni d'aggraver ni d'alléger les dispositions : mais la premiere n'a pas la même simplicité. Ici le législateur qui détermine la nature de la preuve légale, et le magistrat qui marche à la lueur de ce flambeau, parcourent un sentier étroit, entre deux écueils également funestes à la liberté, celui d'abandonner la société aux fureurs des brigands, et la crainte d'exposer l'innocence à la tyrannie d'une condamnation injuste.

Le législateur, rejetant tous les indices, bornera-t-il la preuve légale à la déposition de deux témoins non suspects, récolés, confrontés en présence d'un grand nombre de spectateurs? Indépendamment de la fragilité de cette preuve, nécessaire, il est vrai, mais tellement incertaine, que la loi la repousse, autant qu'il est en son pouvoir, en matiere civile, plus redoutable ici, puisqu'elle fait dépendre la vie et l'honeur des citoyens du concert de deux hommes, peut-être vendus, peut-être animés par des passions criminelles. Oublions cette circonstance : combien de scélérats échapperont non seulement à la mort, mais seront rendus à la société pour la déchirer, si vous n'avez de ressource, pour la conviction du crime qui s'efforce sans cesse de se dérober à la lumiere, que le hasard de deux témoins à qui il n'aura pu échapper! Livrerez-vous le sort de l'accusé à ces indices, à ces témoins muets, qui enflamment d'autant plus les imaginations, qu'ils semblent moins suspects? Non sans doute. Le concours de ces deux genres de preuves est seul capable de dissiper tous les doutes : mais combien rarement cet accord se rencontre-t-il! quelle justesse, quelle expérience est nécessaire pour distinguer la preuve morale de l'impossibilité d'une fausse application d'indices qui paroissent certains, la conjecture suffisante pour convaincre l'homme, suivant l'expression des jurisconsultes, de la preuve légale qui doit seule fixer la décision du magistrat! Est-ce à des mains integres, mais sans expérience, environnées de tous les pieges que tendent à la justice les plus puissants intérêts, que vous confierez le fléau d'une balance si facile à égarer?

Prenons des exemples. On se rappelle le prétendu assassinat de la fille Rouge de Lyon. Une foule d'indices sembloient se réunir pour livrer à la mort quatre jeunes gens de cette ville et une femme dont la vie scandaleuse fortifioit les soupçons. A ces témoins muets se joignoit une déposition, éprouvée par la plus longue instruction, d'un enfant qui sembloit un autre Daniel envoyé du ciel pour la punition des coupables. La sénéchaussée de Lyon avoit été entraînée. Vos jurés eussent-ils résisté? Sur l'appel, les magistrats d'alors, n'osant se confier à des indices, quelque puissants qu'ils parussent, en garde sur-tout contre le merveilleux qui exalte les imaginations, ordonnerent une plus ample instruction. Qu'est-il arrivé? Qu'il a été prouvé que la déposition du nouveau Daniel étoit l'ouvrage d'un scélérat qui, convaincu, pendant le cours de l'instruction, du crime de faux dans les fonctions publiques qu'il exerçoit, avoit subi le dernier supplice.

La mort de l'infortuné Calas a soulevé tous les esprits. Eût-il été jugé plus équitablement par des jurés pris parmi ce peuple de Toulouse, qui, malgré l'arrêt qui a réhabilité sa mémoire, malgré tant de plumes savantes employées à dissiper le prestige, n'a pas encore reconnu son erreur?

L'insensé de la Barre eût-il échappé à des jurés pris parmi le peuple d'Abbeville, exalté par l'expiation indiscrete qui donna naissance à cette affaire?

Ne dissimulons pas les objections. Elles auront plus de force dans la bouche de cet orateur dont le zele s'enflamme avec d'autant plus de justice en faveur d'un nouvel ordre judiciaire, qu'il est le vengeur d'un pere, victime des formes inquisitoriales de notre ancienne procédure.

« Un crime est dénoncé, nous dit M. de Lally (1); « une nouvelle magistrature s'éleve, qui n'existoit pas « hier, qui n'existera plus demain. »

— C'est précisément parceque cette magistrature est nouvelle, qu'elle est plus dangereuse; car elle n'a acquis aucune expérience, et n'en pourra acquérir aucune.

« Elle apporte au jugement qu'elle va prononcer « cette frayeur nécessaire qu'un homme éprouve toujours « la premiere fois qu'il décide de l'honneur et de la vie « d'un autre homme. »

— Sans doute; mais elle apporte aussi au jugement cette horreur du crime qui enflamme des imaginations neuves et court à la vengeance. Pourquoi l'expérience

(1) Seconde lettre de M. de Lally à ses commettants, page 90 et 91.

de tous les temps a-t-elle appris que les jeunes magistrats sont plus séveres, sinon parceque les anciens, considérant la fragilité des jugements des hommes, cherchent plus scrupuleusement la preuve légale, parcequ'ils se défient davantage d'apparences trompeuses?

« L'accusé choisit lui-même ses juges, écarte du tri-« bunal quiconque lui est suspect; ceux qui vont dis-« poser de son sort, c'est lui-même qui leur en a donné « le droit. »

— Si cette liberté étoit entiere, le coupable seroit assuré d'échapper à la peine de son crime, quel qu'il fût : mais les jurés ne sont pas de son choix, il n'a que le droit d'en écarter un certain nombre; et, s'il éprouve les reproches de sa conscience, ce sera, à coup sûr, les plus clair-voyants et les plus integres. Facilitez les récusations dans les tribunaux réglés, qu'elles n'impriment point de tache sur le magistrat récusé, vous produirez le même effet sans courir les mêmes dangers.

Exigerez-vous des jurés, non seulement pour prononcer la peine de mort naturelle, mais la mort civile, mais une flétrissure quelconque, qu'ils soient unanimes, ou presque unanimes? Craignez qu'il ne reste plus à l'homme juste d'autre ressource pour se défendre des brigands, que la nécessité de repousser la force par la force.

COMPARAISON
DE L'EFFET
DES IMPÔTS INDIRECTS
EN FRANCE
ET EN ANGLETERRE,

Extraite du journal intitulé le Modérateur.

COMPARAISON
DE L'EFFET
DES IMPÔTS INDIRECTS
EN FRANCE
ET EN ANGLETERRE,

Extraite du journal intitulé le Modérateur.

Supposons que la surface cultivable de la France soit à la surface cultivable des trois royaumes comme 3 est à 1, et que le commerce de l'Angleterre soit pareillement à celui de la France comme 3 est à 1; la culture étant égale de part et d'autre, et la valeur d'une marchandise quelconque étant en raison composée de l'abondance et de la facilité des débouchés qui multiplient les acheteurs, les denrées produites par le sol triple de la France auroient, dans la supposition admise, neuf fois moins de facilité pour être converties en numéraire, que les denrées produites par le sol de l'Angleterre; et par conséquent les impôts indirects, qui arrêtent par leur nature la circulation, seroient, toutes choses égales, neuf fois plus nuisibles en France qu'en Angleterre. Mais les frais qu'entraîne la perception de ce genre d'impôts sont d'autant plus grands, que les percepteurs ont plus d'espace à parcourir; le préjudice causé par ces impôts à l'agriculture est donc vingt-sept fois plus considérable en France qu'en Angleterre.

Que seroit-ce si vous y joigniez les embarras occasionnés, dans l'ancien régime, par les privileges des personnes et des provinces, les barrieres, les armées de commis, dans l'intérieur du royaume, nécessaires pour prévenir ou pour arrêter la fraude?

Il est donc évident, 1°. que l'Angleterre a pu, avec d'autant moins de danger, multiplier les impôts indirects, qu'à quelque degré qu'ils soient montés ils n'atténuent que très foiblement l'avantage que son commerce lui donne sur sa rivale.

2°. Que cette puissance eût agi très impolitiquement, si, pour échapper à ce léger préjudice, elle eût rejeté sur le sol le poids des charges occasionnées par son luxe, par les dépenses qu'exigent ses possessions lointaines, par les guerres qu'elle a soutenues : car ce fardeau, accablant le cultivateur d'une glebe modique, l'eût mis dans l'impossibilité d'élever le prix de la denrée à une hauteur suffisante pour encourager ses travaux; la seule concurrence de la France et des autres puissances de l'Europe eût produit cet effet.

3°. Que la France, au contraire, masquant sans cesse les impôts indirects sous les noms qu'elle leur donne, ce qui multiplie les frais, les fraudes, les pertes, qui retombent nécessairement sur la glebe, a encore ce désavantage, par la seule différence de l'étendue de sa surface et de son commerce, que, des débouchés comparés à ceux de l'Angleterre étant, selon l'hypothese, comme 1 est à 3, le préjudice causé dans cet empire par les obstacles que les impôts indirects mettent à la circulation, est au préjudice que ces mêmes impôts occasionnent à l'Angleterre comme 27 est à 1.

Les faits viennent à l'appui de cette démonstration. L'impôt sur la glebe est très léger, en ce moment; en Angleterre, les impôts indirects très lourds : mais ce n'est point de cette maniere que l'Angleterre est parvenue à ce degré de puissance qui excite aujourd'hui notre émulation. Il est constant que l'impôt qui se perçoit en ce moment sur les terres des trois royaumes étoit très fort dans son origine, mais qu'étant demeuré le même et perceptible en argent, le temps et l'accroissement du numéraire l'ont allégé de la même maniere que notre cens représentatif d'une portion de la glebe concédée par les seigneurs de fiefs s'est comme évanoui par les variations que le numéraire a éprouvées parmi nous.

Cet impôt, si pesant autrefois, lorsque le commerce n'avoit pas reçu ces accroissements, se partageoit, ainsi qu'il fera parmi nous (si nos vœux sont exaucés), entre le propriétaire de la glebe, qui en supportoit la moindre partie; et le consommateur. C'est par cette marche, par cette division, que l'agriculture, devenue florissante en Angleterre, a servi d'aliment au commerce, qui, favorisé par la liberté, enrichit aujourd'hui le propriétaire, le cultivateur, le négociant, toutes les classes de la société.

Les Anglois n'ignorent pas que leur impôt territorial pourroit être accru sans dangers ; mais ils réservent cette ressource pour les besoins les plus urgents.

FIN.

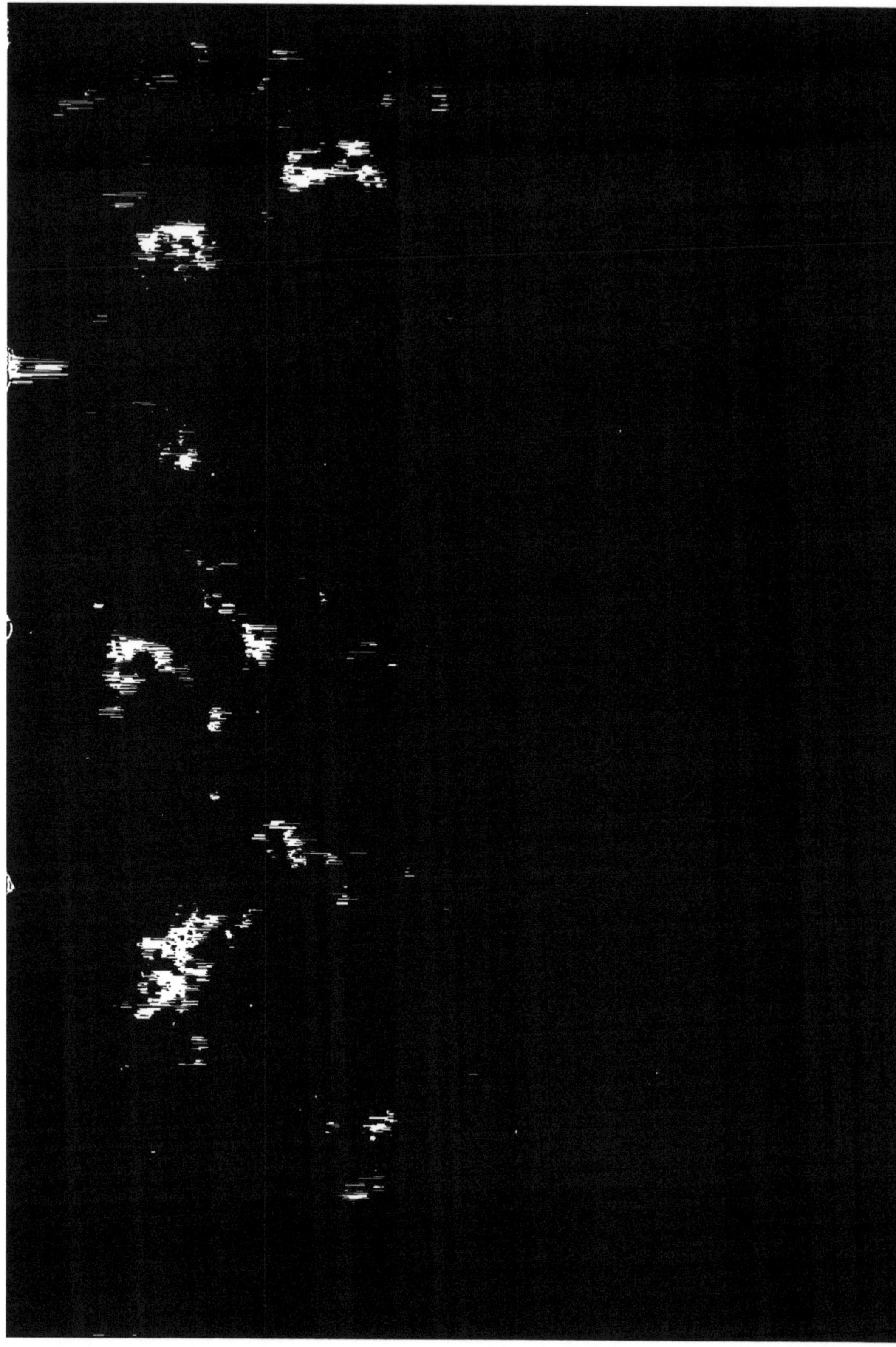

www.ingramcontent.com/pod-product-compliance
Ingram Content Group UK Ltd.
Pitfield, Milton Keynes, MK11 3LW, UK
UKHW012034240726
13965UKWH00002B/779

9 782013 342476